博物馆变迁与陈列策展

王 娟 著

中国商业出版社

图书在版编目（CIP）数据

博物馆变迁与陈列策展/王娟著. -- 北京：中国商业出版社，2023.10
ISBN 978-7-5208-2698-3

Ⅰ.①博… Ⅱ.①王… Ⅲ.①博物馆—陈列—研究 Ⅳ.①G265

中国国家版本馆CIP数据核字(2023)第214945号

责任编辑：袁　娜

中国商业出版社出版发行
（www.zgsycb.com　100053　北京广安门内报国寺1号）
总编室：010-63180647　编辑室：010-83128926
发行部：010-83120835/8286
新华书店经销
福建省天一屏山印务有限公司印刷

*

787毫米×1092毫米　16开　11印张　190千字
2023年10月第1版　2023年10月第1次印刷
定价：52.00元

****

（如有印装质量问题可更换）

Preface
前　言

　　博物馆陈列展览工作可以体现文物的内涵和历史文化价值，展现社会的发展历史，展示一座城市的文化历史底蕴。因此，历史文物在时代发展中有着尤为突出的价值和重要性。从社会发展的新形势可知，陈列展览工作必须进行转变，这就要借助人们所喜爱的形式完善、优化整体过程，从而保障成效。博物馆的陈列展览应根据文物的实际需求，向群众传递文化内涵和气息。博物馆在建设实践及承揽工作开展中应认识到相应工作的重要性，以促进整个行业的发展。

　　本书从博物馆的理论出发，对博物馆陈列展览过程中的选题设计、实施等内容做了介绍，并阐述了博物馆管理的具体内容，对于提高博物馆的管理工作有一定帮助；将博物馆的管理与博物馆的陈列展览工作联系在一起，让读者更加全方位、立体地理解作者与其作品；通过对博物馆管理的策略分析，让读者对博物馆陈列展览工作中存在的问题和优势有了较为全面的了解。博物馆作为传承历史与文化的重要载体，已成为公众了解过去、思考当下、启示未来的重要公共文化场所。如何在公民科学素质建设工作中发挥积极作用，为建设具有全球影响力的文化教育传播中心当好催化剂，已经成为全国所有博物馆面临的重要课题。本书可为博物馆工作者提供参考。

　　由于笔者水平、时间和精力有限，书中提出的一些观点可能存在不妥之处，有些内容还有待于进一步深入研究和论证，恳切地希望各位读者提出宝贵意见和建议。

Contents
目　录

第一章　博物馆的基本理论 01
第一节　博物馆的含义 02
第二节　博物馆的构成要素及特征 08
第三节　博物馆的功用和类型 12

第二章　博物馆的管理 29
第一节　博物馆的管理体制 30
第二节　博物馆工作人员 37
第三节　博物馆营销 48

第三章　博物馆的变迁 61
第一节　国外博物馆的发展演进 62
第二节　我国博物馆的发展简史 72
第三节　当代博物馆的新发展 83

第四章　博物馆陈列展览的构成要素与基本流程 89
第一节　博物馆陈列展览的构成要素 90
第二节　博物馆陈列展览的基本流程 98

第五章　博物馆陈列展览的选题与设计 103
第一节　博物馆陈列展览的选题研究 104

第二节　博物馆陈列展览的内容设计……………………………………118

　　第三节　博物馆陈列展览的形式设计……………………………………131

　　第四节　内容设计与形式设计的关系……………………………………153

第六章　博物馆陈列展览的布展与评估………………………………………155

　　第一节　博物馆陈列展览的布展…………………………………………156

　　第二节　博物馆陈列展览评估体系的构建………………………………159

参考文献………………………………………………………………………168

第一章

博物馆的基本理论

第一节 博物馆的含义

博物馆作为对话远古与现代的纽带、联系现在与未来的桥梁，自诞生之日起就以社会发展的需要为导向，结合人类的社会实践经验，积极开展收集和保护藏品、陈列布展及科学研究等工作，进而在保存自然与人类社会的记忆、传承文化、教育公众、启迪智慧、陶冶情操、休闲娱乐，以及作为国家或城市的文化象征等方面作出了重大的贡献，已成为人类社会文化生活中不可或缺的重要组成元素。

伴随着博物馆事业的持续快速发展，人类对博物馆认知的不断深入，融传统与现代为一体的当代博物馆在现代社会文化生活中扮演着越来越重要和多样的角色。同时，作为博物馆学研究的最重要客体，包括博物馆的含义、构成要素、特征、功用和类型等在内的基本理论研究也正在逐步丰富和完善。可以说，整个博物馆学就是围绕博物馆及其相关工作的研究而形成和展开的知识体系。因此，若学习和研究博物馆学，就必须对博物馆的基本理论予以充分的重视。

今天，我们汉语中所使用的"博物馆"一词，是近代由英语"Museum"翻译而来的。而包括英语、法语、德语、意大利语、西班牙语在内的大部分西方语言，甚至俄语中的"博物馆"一词，则全部来源于希腊语"Mouseion"，意即"供奉缪斯、从事研究之处所"。缪斯（Muses）就是古希腊传说中主管文艺和科学的九位女神的总称。1683年世界上第一座现代意义的博物馆——阿什莫林博物馆建成开放并正式使用"Museum"命名。自此，"Museum"成为博物馆的固定称谓，并一直沿用至今。

一、博物馆的定义

博物馆不仅在各国的社会生活中发挥着日益重要的作用，而且其发展也已逐渐成为国际性事务，尤其是博物馆学和国际博物馆协会产生之后，各国博物馆学者们更是对明确博物馆的定义提出了迫切的要求，希望就此达成国际范围内的共识。因为如果没有一个科学、合理、准确、全面的博物馆定义，现代博物馆间的交流、合作及博物馆学的教学和研究就很难进行。可是，人们在探索博物馆定义的实践中慢慢发现，由于博物馆形态的多样性、职能的多重性、区域性文化特征与意识形态的差异性，以及博物馆内涵与外延的历史性变化等，恰当定义博物馆实在是困难重重。即便如此，长久以来，许多国家的博物馆组织和学者们依然坚持不懈，在结合本国国情和博物馆实践的基础上，提出了不少颇有见地的博物馆定义。例如，日本将博物馆定义为："收集、保管（包括培育）、陈列展出有关历史、艺术、民俗、产业、自然科学等资料，从教育角度出发供一般市民公众利用，为有助于提高其文化素养、供其调查研究、休息娱乐等而举办必要的事业，并以对此资料进行调查研究为目的的机构。"美国博物馆协会通过的博物馆定义认为："（博物馆是）非营利的永久性机构，其存在的主要目的不是为组织临时性展览，该机构应享有免交联邦和州所得税的待遇，向社会开放，由代表社会利益的机构进行管理，为社会的利益而保存、保护、研究、阐释、收集和陈列具有教育和欣赏作用的物品及具有教育和文化价值的标本，包括艺术品、科学标本（有机物和无机物）、历史遗物和工业技术制成品。符合前述定义的机构还包括具备上述特点的植物园、动物园、水族馆、天象厅、历史文化学会、历史建筑和遗址。"我国现在普遍采用的博物馆定义如下：博物馆是"文物和标本的主要收藏机构、宣传教育机构和科学研究机构，是我国社会主义科学文化事业的重要组成部分"。虽然这些博物馆定义没有得到国际博物馆学界的普遍认可，但它们都为本国博物馆事业的发展起到了积极的指导和推动作用，并为日后世界通用博物馆定义的形成提供了有益的借鉴。

其实，同各国的博物馆组织和学者一样，代表世界各地博物馆和博物馆专业人员的国际博物馆协会（以下简称国际博协）自成立伊始，就在一直努力，试图给博物馆一个恰当的定义。国际博协创立之初的章程曾规定："博物馆是指向公众开放的美术、工艺、科学、历史及考古学藏品的机构，也包括动物园和植物园，但图书馆如无常设陈列室者则除外。"2023年修订后的博物馆定义："博物馆是为社会服务的非营利性常设机构，它研究、收藏、保护、阐释和展示物质和非物质遗产。向公众开放，具有可及性和包容性。博物馆促进多样性和可持续性。博物馆以符合道德且专业的方式进行运营和交流，并在社区的参与下，为教育、欣赏、深思和知识共享提供多种体验。通俗来讲，博物馆是一个不追求营利、为社会及其发展服务的公开的永久性机构。它把研究、收藏、保护、阐释和展示物质与非物质遗产当作自己的基本职责，以便展出，公之于众，为人们提供学习、深思、欣赏和知识共享的机会。

与以往的博物馆定义相比，上述定义不仅更重视博物馆与社会的关系，强调博物馆要为社会及其发展服务，反映出了博物馆的社会参与性，而且更加关注社会公众与博物馆的关系，强调要向公众开放，反映出了博物馆与观众的互动性。同时，随着博物馆事业在全球的发展，它也体现了博物馆外延的变化，将具有博物馆性质的设施和机构纳入其中。

二、对博物馆定义的理解

现在通行的国际博物馆协会关于博物馆的定义，是在各国博物馆学者们长期探索的努力和实践中产生的，它不仅比较准确地揭示了现代博物馆的性质、目的和功用，而且揭示了博物馆在现代社会文化生活中的地位及其与社会和公众的关系。因此，准确、深入地领会这一定义的内涵，对于博物馆学和现代博物馆的建设都具有重要的指导意义。

（一）关于"非营利"

博物馆定义中的"非营利"可以从机构性质和实际运作两个角度加以理解。

从机构性质的角度而言，"非营利"是博物馆的法律身份，强调的是博物馆的基本性质。一方面，"非营利"机构的工作经费和所需人力大多数是政府资助或社会捐助的，提供资助的组织和个人并不在意经济报酬，而是更加关注组织行为的社会效益。因此，"非营利"机构没有向其资助者、管理者和组织成员分配经济收益的压力。另一方面，"非营利"机构多从事社会福利、教育、文化等方面的公益活动，其行为成效很难用经济收益标准加以评估。从上面两点可以看出，"非营利"机构是以其根本目的为导向的，即推进社会的积极变革和发展，提高公众素质，提供社会需要的物品和服务。明确机构性质的说明和规定，有助于博物馆享受相关的优惠政策，更好地参与和其他相关机构的社会竞争。同时，也是对博物馆活动领域和运作方式的规范和制约。

从实际运作的角度来说，"非营利"并不意味着博物馆"不应当营利"或"不能营利"，而是指它"不追求营利"或"不以营利为目的"。其实，近年来国内外的博物馆普遍存在资金短缺的问题。虽然欧美国家博物馆的经费及其来源较我国更为充裕和广泛，它们不仅有国家拨款，而且可以获得许多社会资助和捐赠，而我国则只能更多地依靠国家财政拨款，但是当它们面对日益庞杂的自身运作开销，藏品收购、维护、保险和陈列布展，进行科学研究所需的业务花销，以及提高软硬件条件所需投入的资金等经费问题时，也难免显得捉襟见肘。在这种情况下，为了更好地发挥博物馆作为永久性社会公益机构的作用，国内外博物馆都会积极采取诸如吸引更多观众、开办博物馆商店和餐厅、出租场地等措施来增加博物馆的收入，以缓解资金压力。其间，许多经营有方的博物馆甚至还会出现营利。但与企业经营所不同的是，博物馆的营利是维持自身生存和发展的必要手段，而不是经营的最终目的。博物馆的收入也不同于工商业收入，不会转为股票，也不能转为工作人员的工资，而只能投入博物馆的建设。

总之，对于博物馆定义中的"非营利"可以理解为："博物馆事业像其他文化事业一样，不能像企业那样把营利作为前提和终极目的。但并不排斥尽可能地结合本馆的性质和职能，在国家政策允许的范围内，有益于社会和观众，取得合理的经济效益，以促进自身事业的发展。只要经济效益对社会效益的提高，起和谐、同步以至促进的作用时，它的存在就是合理的、积极的，它的生命力就是旺盛的。"

（二）关于"为社会服务"

博物馆定义中所提出的"为社会服务"标志着博物馆界已能正确认识自己与社会的关系。首先，博物馆之所以历经数百年而不衰，其重要原因就在于它保存和管理着人类社会发展历程的见证，就在于它满足了不同时代人们通过历史呈现出来的对现实和未来的渴望。这便是社会对博物馆的基本需求。其次，博物馆的发展与社会政治、经济、文化的发展密切相关。近现代博物馆就是在文艺复兴、自然科学兴起、启蒙运动、资产阶级革命和工业革命等一系列社会变革的推动下发展起来的。可以说，正是社会的发展推动和促进着博物馆的发展。最后，近年来，随着博物馆界对"人"与"物"关系认识的不断深化，加上社区博物馆、邻里博物馆的兴起，博物馆和社会的联系日益强化，博物馆正在逐渐成为社会文化中心。所有这些都要求博物馆明确自身的公共责任，积极参与社会活动，关注社会的现实和未来，了解社会和公众的需求，通过科学的运作和管理，努力发挥博物馆的功用，以创造最大的社会效益，真正做到"为社会服务"。

概括地说，定义中的"为社会服务"，既可以看作对长久以来博物馆社会化运动的总结，也是博物馆的根本使命和工作目标。

（三）关于"向公众开放"

定义中的"公众"主要强调的是博物馆服务对象的客观性和广泛性。所谓客观性是指公众不是以博物馆主观意愿而一直客观存在；广泛性是指博物馆的服务对象应该是构成社会的个人、团体和机构，不应因身体状况、文化差异、教育程度、社会地位等因素不同而受到不同的待遇。而定义中的"开放"，一方面，体现了博物馆的社会开放性与公益性，博物馆作为公共资源，其包括收藏和基础设施等在内的有形资源和科研、智力、文化氛围等无形资源都应当对社会公众开放，"公众"有权利使用这些公共社会资源；另一方面，这种"开放"应当是双向互动的，博物馆对"公众"开放的同时，"公众"也应当积极地向博物馆开放，并对博物馆积极地给予反馈。当然，这些反馈既可以是有形的，如资金和藏品的捐赠等，也可以是无形的，如为博物馆发展出谋划策、提供志愿和义务服务等。同时，还应当注意的是，博物馆既然将"为社会服务"作为其根本使命和工作目标，那么，所谓"开放"就应当是平等互利的开放，而不能以"知识宝库""学术精英"自诩，居高临下地俯视自己的服务对象。

总而言之，博物馆定义中提出的"向公众开放"，是博物馆的一个基本性质，不仅强调博物馆作为公共社会资源的开放性和公益性，而且说明博物馆与社会公众之间平等的双向互动关系。只有"向公众开放"，吸引更多的观众，才能更好地实现博物馆"为社会服务"的目标。

（四）关于"教育、欣赏、深思和知识共享"

定义中"教育、欣赏、深思和知识共享"的表述与"为社会服务"的目标并不矛盾。与作为根本使命和工作目标的"为社会服务"相比，"教育、欣赏、深思和知识共享"则可以说是博物馆较低层面的目的，也可以看作博物馆具体业务活动的指导观念和基本目的。教育也一直是我国博物馆的基本性质，因此，对于将它作为博物馆的目的我们不难理解。在这里我们重点关注的是"欣赏"。其实，在欧美博物馆界"欣赏"早已被赋予了崇高的地位，是博物馆重要的目的之一。但是，长期以来，由于受到传统教育思想及纲要性陈列体系的影响，我国博物馆界一直对此认识不足。一般而言，"欣赏"具有两种不同的形式，一种是专门用于欣赏的陈列或展览，另一种则泛指所有陈列的审美价值和可欣赏性。作为博物馆业务活动的基本目的，两者兼而有之。博物馆完全可以通过陈列、展览和艺术鉴赏等活动，使观众的情操得以陶冶、修养得以提升、思维得以促进、创造力得以激发，从而达到"欣赏"。

在理解博物馆"教育、欣赏、深思和知识共享"的过程中，需要特别注意的是，这种表述很容易给人造成博物馆单方面要达到"教育、欣赏、深思和知识共享"的错觉，从而忽略了观众的主观能动性，忽视了观众自主学习、自发参与的特点。因此，我们应当将"教育、欣赏、深思和知识共享"理解为：它虽然是博物馆业务活动的指导观念和基本目的，但需要通过博物馆与观众的共同努力才能够得以实现。

（五）关于"研究、收藏、保护、阐释和展示"

一方面，博物馆在进行收藏保护、科学研究、陈列展览、争取更多的观众及与观众交流互动的过程中，"研究、收藏、保护、阐释和展示"，这些业务活动无不融入其中，发挥着不可替代的作用。另一方面，只有通过研究、收藏、保护、阐释和展示等具体的工作，才能够达到教育、欣赏、深思和知识共享的目的，进而最终实现"为社会服务"的目标。因此，博物馆定义中的"研究、收藏、保护、阐释和展示"，既可以看作对博物馆各个工作环节的抽象概括，也可以当作实现博物馆"为社会服务"的具体方法或手段。

（六）关于"物质和非物质遗产"

"物质和非物质遗产"其实就是博物馆的工作对象，既包括有形的或物质遗产，如出现在各国博物馆定义中的文物、自然标本、人工制品、物质遗产、物品等，又包括无形的或非物质遗产，即非物质文化遗产、电子信息技术生成的虚拟信息等。需要注意的是，在理解"物质和非物质遗产"的过程中，还应当突破我们传统的"以古是宝""以稀为贵"的认识误区,努力做到不仅关注古老的、稀有的自然界和人类社会的物质和非物质遗产,同时也应关心当代的、活的、日常的、大众的、具有代表性的物质和非物质遗产。最终,一样东西能否成为博物馆的工作对象,关键还要取决于它是否具有证明人类活动及人类环境状况的能力。

总之,博物馆定义中"物质和非物质遗产"的表述,不仅对博物馆的工作对象进行了高度概括,而且正确地反映了现代博物馆与人类生存和发展的关系。

综上可知,现在通行的国际博协对博物馆的定义,不仅明确指出了博物馆的性质,即博物馆是"非营利"的常设社会公益机构,而且指出了博物馆的根本使命和工作目标是"为社会服务",基本目的是"教育、欣赏、深思和知识共享",这可以通过对博物馆工作对象,即"物质与非物质遗产"的"研究、收藏、保护、阐释和展示"实现。此外,还可以从其基本目的和工作环节中看出博物馆具有收藏、研究、教育、欣赏的基本功用。

鉴于我国的基本国情及博物馆的实际情况,我国对博物馆的理解与上述定义存在一些差异。从性质而言,我国博物馆作为社会主义科学文化事业的重要组成部分,属于事业单位,虽然也具有非营利性和社会公益性,但在行政组织上依然具有一定的政府性,是政府的附属机构。虽然我国也规定博物馆是"收藏机构、宣传教育机构和科学研究机构",使其在理论上也具有收藏保护、宣传教育和科学研究的功能,但却没有将"欣赏"给予充分重视,而且在我国博物馆的实际工作中,也往往更多关注其社会教育作用,而忽略审美和娱乐功能。

虽然我国的博物馆定义与国际博协的定义存在一些差异,但我们相信,随着博物馆学和博物馆事业在我国的快速、健康、持续发展,我国博物馆组织和学者一定能够借鉴国内外的先进经验,为我国博物馆学下一个符合国情、科学合理的定义。

第二节 博物馆的构成要素及特征

博物馆的构成要素及特征,历来是博物馆基本理论的重要组成部分。伴随着博物馆的产生和发展,人们一直在总结和归纳博物馆的构成要素及特征,时至今日,对其认知日趋科学和成熟。正确地认识和把握博物馆的构成要素及特征,不仅有助于加深对博物馆本质属性的理解，而且可以有效避免博物馆工作的主观性、片面性和盲目性，从而更好地发挥博物馆作为公益性社会文化机构的作用。

一、博物馆的构成要素

所谓要素，就是构成事物的必要因素。博物馆一般由下述四大要素构成。

（一）一定数量的藏品

藏品是博物馆存在和开展各项业务活动的前提和基础。一方面，藏品既是博物馆存在的基本条件，又是体现博物馆性质、实现其社会职能的重要载体；另一方面，博物馆的收藏保护、科学研究和陈列布展等一系列业务活动都需要以藏品为基础。因此，拥有一定数量的藏品是博物馆的基本构成要素。

（二）包括馆舍和设备在内的基础设施

博物馆也与其他社会文化机构一样，需要馆舍、设备等硬件基础。任何形式的博物馆必须具备与之相适应的馆舍和设备。因此，包括馆舍和设备在内的基础设施是博物馆顺利开展各项工作、成功组织各种活动，最终实现其自身功能和社会职能的必备物质条件。

（三）持续向公众开放的陈列展览

持续向公众开放的陈列展览是博物馆不可或缺的重要构成元素。持续向公众开放的陈列展览不仅是博物馆性质和功能的集中体现，而且是博物馆发挥其社会职能的重要手段和途径。博物馆只有具备了持续向公众开放的陈列展览，才能实现"物"与"人"的结合，才能真正为大众和社会服务。如果缺少了这个要素，博物馆就不能称为博物馆，也就失去了存在的价值和意义。

（四）一批具有专业知识技能和职业素养的博物馆工作人员

拥有一批具有专业知识技能和职业素养的博物馆工作人员是博物馆的核心构成要素。这些博物馆工作人员既可以看作博物馆的硬件，同时他们身上承载的知识技能和道德素养也是博物馆重要的软件。博物馆的一切工作和功用都只有通过这些工作人员的运作才能够得以实现，如果没有他们，博物馆就成了没有灵魂的躯壳。因此，他们也是博物馆最具活力的构成要素，在一定程度上甚至可以说是博物馆的灵魂。

综上所述，只有同时具备一定数量的藏品，包括馆舍和设备在内的基础设施、持续向公众开放的陈列展览，以及一批具有专业知识技能和职业素养的博物馆工作人员这四大要素，才能称为现代意义的博物馆。

二、博物馆的特征

所谓特征，是指一事物区别于其他事物的特别显著的征象和标志。那么，作为社会文化机构的博物馆与其他社会文化机构相比，最显著的区别究竟是什么呢？有的博物馆学著作将博物馆的特征总结为"实物性""直观性"和"科学性"；有的则将其总结为"实物性""直观性"和"广博性"；此外，还有博物馆学者认为"实物性""收藏性"和"开放性"才是博物馆的特征。虽然这些都从不同的角度总结了博物馆的特点，但是，当我们认真考究时就会发现，其中的"直观性""科学性""广博性""收藏性"和"开放性"等特点并非博物馆所专有。例如，直观性在电化教育中有着明显的表现，学校和各类科研机构都具有很强的科学性，广博性同样适用于百科全书，图书馆、档案馆等机构也颇具收藏性，而几乎所有的公益性社会文化机构都具有开放性。因此，只能说它们在一定程度上体现了博物馆的特点，但并不能将它们作为博物馆区别于其他社会文化机构的最显著标志。综观上述对博物馆特征的概括，只有"实物性"为博物馆学者们所公认，也只有"实物性"才是博物馆的根本特征。

"实物性"的基本含义是指"真实、实在，并具有一定体量性和三维性的物"。近年来，随着博物馆功能及收藏范围的扩大，一些真实、实在却非三维、非物质的东西也进入博物馆中。例如，音像资料、利用科技手段模拟的自然现象及包括民间传说、表演艺术、社会风俗和传统手工艺技能在内的各类非物质文化遗产等。这些东西虽然不是具有一定体量性和三维性的实体，但却属于真实、实在的现象和原理。同时，它们也能反映出传统"实物性"概念所面临的挑战，即伴随着博物馆的现代化发展，"物"的真实性和实在性正在向"现象"和"原理"的真实性和实在性扩展。但严格来讲，它们只能算是博物馆的一些特例。就目前博物馆的总体情况而言，传统的"实物性"界定依然有效，或至少是构成概念的核心。

事实上，不论是从博物馆的发展历程，还是从博物馆所从事的收藏、科研和教育工作而言，正是包含"非观念的实体性""非虚假的真实性"和"非复制的唯一性"这些要素的"实物性"，才将博物馆与其他类似的社会文化机构准确无误地区别开来。

首先，从博物馆的发展历程来看，古代人与现代人在收藏的动机、方法及对收藏品的利用方面不尽相同，而且博物馆存在的目的和社会职能在不同的历史时期也有着重大差异。但是，不论是博物馆的原始形态，还是其现代形态，都离不开实物收藏，在收藏和利用实物这一点上始终没有改变，也正是搜集和收藏实物这一点，使我们得以辨识出博物馆从产生到发展的历史轨迹。

其次，从博物馆进行收藏的角度来看，除了博物馆外，图书馆和档案馆等机构也从事人类社会文化遗产的搜集和收藏。但是，它们之间的收藏却有着明显的区别——图书馆收藏各种书籍，这些书籍主要是通过印刷生产的批量复制品，旨在保存和传播人类的科学文化知识，至于所收藏的是怎样的版本，是否为原作者的手稿、真迹，并不重要；档案馆所收藏和保存的是人类在社会生活中形成的各种文献和档案，一般而言，它们都是真实的原始材料，但是对于一个材料的利用者来说，真正重要的是材料所反映内容的真实性，如果这份原件遗失了，只要复印件被确定与原件并无二致，那么它在功能上是完全能够替代原件的。可见，对图书馆和档案馆而言，重要的是收藏品所携带的信息，而不是信息载体本身，它们所注重的是信息的真实性，而不是载体本身的真实性。然而，对于博物馆而言，情况就不同了，构成其收藏核心的必须是真实、实在的物品。这就意味着，博物馆的收藏品不仅其所承载的信息应当具有真实性，而且信息载体本身必须是真实的。我们也可以通过对待艺术品的态度来说明这种区别——对于一般艺术品的欣赏者和收藏者来说，如果将艺术品复制得足够好，或许就能够满足他们欣赏和收藏的要求；但对于博物馆而言，不仅要考虑艺术品承载信息的真实性，而且要考虑艺术品本身的材料和制作工艺等的真实性，也就是说，博物馆必须获得艺术品的原件，任何高质量的复制品都无法替代它。

再次，从博物馆从事科学研究的角度来看，使得博物馆与其他科学研究机构区别开来的正是其研究对象的"实物性"。正如我们所知，博物馆的科学研究工作很大程度上以收藏的实物作为研究对象，而在学校和其他科研机构中，其研究对象既可以是实物，也可以是纯粹的理论。任何类型的博物馆只有从对自己收藏的实物的研究中，才能探寻和发现有关自然和人类社会的未知世界。离开了这一点，博物馆作为科学研究机构的特性便无从体现。当然，博物馆的科研人员在研究中也难免会涉及相关学科的理论知识并对其进行探讨，但这些都是以实物研究为最终目的，是为实物研究服务的。此外，应当注意的是，对博物馆所收藏实物的研究并不仅限于博物馆内部的研究人员，只要是以博物馆收藏实物作为研究对象的，都可以视为博物馆科学研究的范畴。

最后，从博物馆开展社会教育的角度来看，"实物性"也是博物馆区别于其他社会教育机构的最主要特征。这主要表现为，博物馆总是以馆藏的实物作为教育的媒介。观众之所以要来博物馆参观，是因为博物馆陈列着蕴含历史、科学和艺术价值的实物，也正是这些实物使观众得到了异于学校教育和电化教育的知识和体验。当然，在参观博物馆的过程中，也伴随着以词语等符号为媒介的传统教育方式，如阅读说明和聆听讲解等，但它们只是理解实物的辅助手段，只有实物及其承载的丰富信息才是博物馆教育真正的认识对象。正是由于和实物性相联系，才形成了博物馆教育鲜明的个性特征和独特的优势，这具体表现为其认识对象的直观性、形象性和权威性。实物的直观性和形象性，使它更容易被观众接受，特别是文化水平不高的观众；实物的真实、实在而非臆测的特性，则更容易使观众产生信赖，从而使博物馆教育具有真实的权威性。

综上所述，只有"实物性"才是博物馆特征的准确概括，诸如"直观性""科学性""广博性""收藏性"和"开放性"等都只是片面的或由"实物性"所衍生的博物馆特征。任何机构，如果根本不利用实物，或者没有把实物作为主要的信息传达工具，不论其性质如何，都不是博物馆。

第三节　博物馆的功用和类型

一、博物馆的功用

这里所谓"功用"，其实和其他博物馆学论著中所说的"功能""职能"

和"效能"等一样，是指博物馆为实现自身价值而发挥的功能及承担的社会职责。既然如此，那么为什么诸多博物馆学者还会使用"功能""职能"和"效能"等不同的说法来表述博物馆的"功用"呢？一方面，可能是出于自身的语言习惯，毕竟这些近义词都可以表达博物馆"功用"的含义；另一方面，可能是对其认知确实存在着误解，例如，博物馆"功能说"和"职能说"的产生就是由于过分强调所谓"功能"和"职能"的区别，是忽视博物馆自身特性与社会属性的必然联系而造成的。事实上，我们应当承认，从博物馆自身具备和社会赋予的角度来说，所谓"功能"和"职能"确实存在表述上的差异，但我们也应看到，由于博物馆自身特性与社会属性的密不可分，必然会导致所谓"功能"和"职能"之间那种相互渗透、相互重叠、不可分割的关系。因此，博物馆的"功用"其实根本无法简单地依据"功能说"和"职能说"进行划分，毕竟它们在实质上都属于博物馆为实现自身价值而发挥的功能和承担的社会职责。而我们之所以在这里引入"功用"一词来替代"功能""职能"和"效能"等，对其进行讨论，一方面是因为它能够表达与它们相同的含义，即博物馆为实现自身价值而发挥的功能及承担的社会职责；另一方面是为了有效消除"功能""职能"等表述所产生的误解，避免产生歧义。特别需要指出的是，我们在本节使用博物馆"功用"的表述，并不意味着要否认前辈学者对博物馆"功能""职能"和"效能"等的有益探讨，而是为了帮助我们更加准确、深入地理解作为文化复合体的现代博物馆的功用。

实际上，博物馆的功用不仅是博物馆基本理论研究的重要内容，而且是国内外博物馆学界长期、广泛争论的一个问题。

国外博物馆学界有学者认为，调查研究（Investigation）、教育（Instruction）和激励（Inspirator）较好地概括了博物馆的功能。也有不少学者推崇所谓的"3E"原则，即教育民众（Educate）、供给娱乐（Entertain）和充实人生（Enrich）。有人总结博物馆的五种功能：收藏（collect）、保存（conserve）、研究（study）、解释（interpret）和展览（exhibit），并把这五种功能比喻为人的五个手指，各自独立，但又统一在共同的目标之下："它们形成一个整体，就像是一只手的五个手指，每一个都是独立的，但它们又是统一的。博物馆如果忽略或轻视这五个职能中的任何一个，都会给自己造成很大的障碍。"后来，又有人重新将这五种功能合并为三种：保藏（preserve）、研究（study）和传播（communication），形成了现代国际博物馆学界对博物馆功用的基本共识。其实在美国和日本，类似的观点也已经出现。美国纽约自然历史博物馆早就将"Education（教育），Expedition（探索），Research（研究）"作为自己的职能写在了馆徽上。日本博物馆学界则把"收集和保管""调查和研究"及"公开和教育"作为其固有职能，而把"文化的继承和创造""将学术研究成果还给社会"和"教育的效果"作为其实际职能。

同样，我国博物馆学者对博物馆的功用也进行过卓有成效的探讨。曾有人提出博物馆的三大效能：一是社会教育，使民众的知识扩大，趣味向上；二是博物馆对于学生教育有辅助功效；三是博物馆对于学术研究也有积极作用。又有人提出博物馆的四大功用：一是保存有价值的物品，使其历久不坏，以供今人和后人之用；二是辅助科研工作；三是实施实物教育；四是实施精神教育。2021年全国博物馆改革发展工作会中强调博物馆事业在我国经济社会发展总体布局中起着重要作用，把优化结构布局、完善征藏体系、提升保护能力、提高展陈质量、彰显教育功能、强化国际交流合作等六个方面作为博物馆改革发展的重点任务，并从落实责任、深化改革、创新发展、建强队伍、开门办馆等方面，就切实加强组织保障、抓好政策落实、积极探索实践提出了具体要求。

综上可知，将收藏、研究和教育作为博物馆基本功用的观点，已经成为国际博物馆学界经过长期、广泛探讨而达成的共识。

收藏是博物馆最古老、最基础的功用。早期的收藏源于人们对具有纪念意义和特殊价值的实物的珍藏愿望，是一种自发行为，其规模和范围都很小，而且也比较零散，但正是这种自发的零星的收藏行为，为我们留下了探索自然变化和古代人类生活的线索，也成为促使博物馆萌发的重要原因。后来，伴随着人类文明的发展，现代意义的博物馆兴起并且很快取代了私人收藏和收藏室收藏，成为最主要的专事收藏的场所，其收藏行为也逐渐从自发转变为自觉。在此之后，得益于人类社会政治、经济和科学文化的迅猛发展，博物馆的收藏功用也日益增强。这期间，博物馆不仅经历了从零散的、没有系统的收藏，到全面的、系统的收藏的转变，而且收藏范围也从原来的珍品、古物、动植物标本、机器设备等逐步扩大到了人类已知的方方面面，从传统的实物扩大到了自然界、人类社会物质的和非物质的所有见证物。此外，尽管博物馆在此期间依然还是有意识、有计划地收藏具有历史、科学和艺术价值的自然和人类文化遗存，但其收藏的关注点却已开始从精品向有代表性的物品转移、从过去向现在转移、从精英阶层向全人类转移。现如今，人们已经清醒地认识到，任何形式的博物馆必须依靠收藏才能拥有作为博物馆全部活动物质基础的藏品，才能成为自然和人类文化遗产的收集者和保护者，才能发挥其保存记忆、传承文化的社会作用。一旦离开了收藏，离开了藏品，博物馆也就成了无源之水，失去了存在的价值和意义。

科学研究也是博物馆的重要功用，而且它同收藏一样，也是随着人类社会和博物馆的发展而逐渐强化和丰富起来的。

事实上，早在现代意义的博物馆产生之前，对私人藏品和收藏室藏品的研究就已经存在了。现代意义的博物馆诞生之后，为了更好地实现为社会及其发展服务的目标，对博物馆藏品的科学研究也开始变得更加系统和深入。起初，由于近代自然科学的兴起和发展，为数众多的自然博物馆所收藏的反映生物学和自然史的动植物标本、化石，便成为当时研究的主要对象。凭借对这些自然科学藏品的研究，有些博物馆甚至成为当时著名的科研学术中心，例如，美国自然史和生物学的研究始终是同哈佛大学比较动物学博物馆、纽约的美国自然历史博物馆及华盛顿的美国国立自然历史博物馆联系在一起的。当然，这期间也存在着对古物珍品的研究，但大多以品玩鉴赏为目的，而非为科学的发展和人类的进步服务。后来，在启蒙运动等社会思潮和世界范围工业革命的影响下，艺术品、历史文物、工业革命成果等逐渐取代了早期的自然科学领域的动植物标本、矿石等，成为博物馆研究的主要内容。随着社会生产力的发展和博物馆事业的兴盛，博物馆的种类越来越多，藏品日益丰富，研究对象扩展到了自然和人类社会发展所留下的一切有价值的遗存，研究领域也随之扩展到涉及自然科学和社会科学的诸多学科，同时博物馆对藏品研究的关注程度也越来越高。对博物馆藏品的科学研究，不仅能够帮助我们更加科学合理地进行藏品的管理和保护，而且能够更加深入、全面地揭示藏品所蕴含的历史、科学及艺术价值，从而更好地发挥博物馆传播知识、启迪智慧和社会教育等功用。同时，它也有力地推动了与之相关的诸多学科的发展。例如，借助对意大利乌菲齐美术馆所藏艺术品的研究，能够帮助我们更好地开展对文艺复兴时代艺术史的研究；对博物馆收藏的甲骨、汉简和敦煌经卷的研究，则极大地拓宽了历史学的视野，丰富了我们对中国历史的认识。如果说藏品是博物馆一切活动的物质基础，那么，科学研究特别是藏品研究，就是博物馆一切活动的工作基础，因为只有借助科学研究工作，才能够实现博物馆"物"与

"人"的结合，才能更好地完成与藏品相关的博物馆其他工作，进而创造更大的社会效益。

当然，经过发展，现代博物馆的科学研究已经不仅仅局限于对藏品的研究，也包括对博物馆学的研究，即以博物馆本身及其与社会的关系作为研究对象，通过对博物馆性质和目标的分析、博物馆历史的回顾、博物馆与社会关系的反思及各项业务活动方法的探索，最终总结出博物馆活动的基本理论和实践工作经验。此外，在对藏品和博物馆学进行科学研究的过程中，还应对博物馆工作所涉及的相关学科的情况也有所了解。虽然从严格意义上来讲，这并不具备学术研究的性质，但实际上，不论是对藏品还是对博物馆学的科学研究都离不开对包括历史学、社会学、民族学、教育学、物理学、化学和管理科学等在内的相关学科知识的了解和借鉴。只有在充分了解相关学科知识背景的情况下，才能有效地进行藏品和博物馆学的科学研究。而且，博物馆的科学研究在其不断强化和丰富的同时，也确实取得了丰硕的成果。这些成果不仅表现为博物馆出版发行的各类出版物，而且绝大部分已直接应用于包括征集、鉴选、收藏、保护、陈列、管理和教育等在内的一系列实际工作当中。因此，科学研究不仅是博物馆作为科研机构的重要体现，而且对于博物馆各项业务水平的提高及相关学科发展的推动都起到了不可替代的作用。

教育同样是博物馆的基本功用。早期的博物馆，其收藏仅供少数人观赏，因此，教育功用也不甚明显。随着博物馆服务社会、服务大众意识的增强，博物馆的教育功用逐渐萌发。基于对博物馆藏品的研究，有些博物馆开始有目的、有计划地通过组织陈列来实现对观众的教育。现代博物馆正是通过陈列展览、开办讲座、宣传讲解和发展旅游等手段，凭借其教育的实物性、直观性、开放性、自主性、娱乐性和互动性等特点，成为配合学校教育的第二课堂和广大社会公众接受成人教育、回归教育等的重要场所。可以说，建立在博物馆收藏和研究基础上的博物馆教育，其社会价值正在与日俱增。

当各国博物馆学者们继续讨论博物馆三种基本功用之间的关系时，又出现了不同的观点。一种观点认为，收藏和保护是博物馆的基本职能，博物馆最重要的任务就是收藏和保护文物及自然标本。在博物馆的三种功能中，物的保存是最重要的，而物的保存功能是博物馆所特有的，应该是其核心的功能。另一种观点将科学研究工作作为博物馆工作的核心。还有学者认为，社会教育工作才是博物馆的中心职能。但更多的博物馆学研究者则认为，作为博物馆三大基本功用的收藏、研究和教育之间应当是密切联系、不可分割的。收藏为研究和教育提供必需的物质基础；而研究不仅能够为收藏和教育提供科学依据，而且能够有效推动收藏和教育工作的发展和提高；教育则必须建立在收藏和研究的基础上，同时，它又是收藏和研究活动的主要目的，它可以为收藏和研究提出新任务，从而促进这些工作的有力开展。它们的辩证统一基本反映了博物馆工作的全部业务活动，所以说，三者同等重要，缺一不可。

此外，我们也应当承认，随着现代社会文明的发展，以及人们对博物馆认识的不断深入，当代博物馆兼具信息中心、公共交流、休闲娱乐和文化象征等新兴功用。而且，这些所谓的新兴功用，无疑也是当代博物馆学者们结合博物馆的现代化发展，用时下流行的表述从不同角度对现代博物馆功用进行的积极有益且颇具时代气息和科学性的总结。但如果我们仔细推敲就会发现，实际上，包括我国学者对博物馆在现代化建设中所发挥作用的论述在内，它们都必须以博物馆的收藏和研究为基础，并且不同程度地发挥着博物馆的教育功用。所以说，这些所谓的博物馆新兴功用，其实也可以看作对博物馆三大基本功用的扩展和延伸。

二、博物馆的类型

博物馆的类型，指一定数量的博物馆依据某种共同的标准相互联系所形成的类别。

对博物馆进行类型划分，其实是博物馆事业发展到一定阶段才提出的问题。起初，由于博物馆的数量较少且形态也相对单一，再加上早期博物馆的藏品多以奇珍异宝和纪念性物品为主，因此，并不需要对博物馆进行分类。随着近代博物馆事业的兴盛，不仅博物馆的数量大幅增加，而且其藏品日渐丰富、形态日益多样，传统的方法已经不能适应新兴博物馆的经营和管理。于是，出现了最初的博物馆分类。当时，主要是按照藏品的不同学科性质，将博物馆分为美术、考古、历史、人种学和自然科学等各种专业博物馆。此后，博物馆事业又经过两个多世纪的发展，如今已经形成了一个涉及多种知识门类和社会生活领域、藏品丰富多彩、建筑形态和管理层次多种多样的庞杂群体。与此同时，在全世界博物馆工作者的共同努力下，作为博物馆学和博物馆基本理论研究重要内容的博物馆类型研究也得以不断进步，并且取得了丰硕的成果。

（一）划分博物馆类型的意义

首先，对博物馆进行科学的类型划分，不仅在理论上有利于我们更好地认识和总结不同类型博物馆的特点和规律，明确各类博物馆的发展方向，而且在实践中有利于不同类型博物馆的工作人员最大限度地发挥特长，更好地实现自身价值。博物馆的不同类型决定了它们在人才构成、组织管理、社会职能和经费来源等方面都不尽相同。因此，只有在对博物馆的类型及其特点有了正确清醒的认识之后，不同类型的博物馆才有可能切实有效地制定适合本馆的经营管理方针，其工作人员才有可能更加深刻地理解和把握自身工作的特点，明确自己的工作方向和目标，进而在各项业务活动中尽可能地扬长避短，最终为博物馆创造更大的社会和经济效益。

其次，通过对博物馆类型的划分，不但能够看出一个国家或地区博物馆建设的基本格局，而且可以针对其薄弱环节，对现有博物馆进行调整，对未来发展进行规划，从而使本国或地区博物馆的布局渐趋合理，进而推动本国或地区博物馆事业的健康持续发展。

最后，准确地划分博物馆类型，有利于国内外博物馆学术交流活动的开展。目前，伴随着博物馆事业在世界各地的蓬勃发展，以及博物馆学研究的日益兴盛，各国之间的博物馆学术交流活动也日渐频繁。其间，无论是对于国内外相同类型博物馆间深入、细致的对口交流，还是对于不同类型博物馆间的相互学习和借鉴而言，准确划分博物馆类型都显得十分重要。

由此可见，科学准确地划分博物馆的类型，认识和掌握各类博物馆的特点，对于博物馆的理论建设和实际工作具有非常重要的意义。

（二）博物馆的类型及其特点

从不同角度选取不同的标准，便可以将博物馆划分为不同的类型。可以说，博物馆的类型划分也同博物馆自身一样具有多样性。

1.按藏品地学科属性分类

目前，国际博物馆学界大多是将藏品所反映内容的学科属性作为划分博物馆类型的主要标准。因为这个将藏品与科学学科相结合的划分标准，对于各国的博物馆而言都具有最普遍的适应性，所以它也往往被认为是当代博物馆的主导性分类标准。依照这个标准，我们可以将现有博物馆较为宽泛地划分为历史、艺术、科学、综合和其他（特殊）五大类型。

（1）历史类博物馆

历史类博物馆是指那些以文物藏品为基础，研究和反映与人类社会发展相关的各个方面情况的博物馆。这是一个庞杂的群体，主要包括历史博物馆、纪念馆、遗址博物馆、民俗博物馆、民族博物馆和人类学博物馆等。

历史博物馆可以细分为国家历史博物馆、地方性历史博物馆和专题历史博物馆。国家历史博物馆通常能够概括一个民族或国家的主要发展历程。世界著名的国家历史博物馆主要有中国国家博物馆、丹麦国家博物馆、匈牙利国家博物馆、东京国立博物馆和朝鲜国立中央历史博物馆等。地方性历史博物馆则指能够概括某个地区或城市发展历程的博物馆。例如，我国的上海市历史博物馆、美国的科罗拉多州立历史博物馆和日本的大阪历史博物馆等。专题历史博物馆就是指以某个专题的历史发展为主要内容的博物馆。我国的南京太平天国历史博物馆和美国弗吉尼亚州的奴隶制历史博物馆，属于典型的专题历史博物馆。总体而言，历史博物馆是历史类博物馆中数量较多的，中国尤甚。我国不仅有着悠久的历史和深厚的文化，而且长期以来，又有发展历史博物馆的传统，所以，历史博物馆的数量在全国博物馆中占据着较大的比例。历史博物馆一般会根据自身的专业特点，收集、整理和研究全国的、地方的或某一特定范围内的历史文物资料，通过组织通史、地方史或专题史的陈列，以达到传播知识、提高民族凝聚力和激发爱国热情的目的。

纪念馆就是纪念重要历史人物或事件的博物馆。这类博物馆所纪念的对象都是人类发展史上在不同方面、不同程度的推动着历史车轮前进的杰出人物和重大事件，它们大多是以所纪念历史人物的诞生地、居住地或主要活动场所及所纪念历史事件发生的原址或遗址为基础兴建的，收藏和展出的也往往是与这些著名人物和重要事件相关的各种资料。迄今为止，全世界已经拥有为数众多的纪念馆。虽然它们通常规模都不太大，但其中的人物纪念馆就如同人类历史上社会精英的传记，能带给观众榜样式的激励；而事件纪念馆则能够穿越时空的阻隔，使观众切身感受鲜活的历史，如美国的林肯纪念堂、德国的贝多芬纪念馆、印度的甘地博物馆，以及我国的杜甫草堂、中山纪念馆、鲁迅纪念馆、遵义会议纪念馆等都属于此类。

遗址博物馆通常是依托考古发掘或历史遗留下来的各种遗址、遗迹而建立的博物馆。对遗址、遗迹的原貌展示，藏品与展示环境的完美结合，以及充斥其间的神秘传说是这类博物馆的优势，这也使得观众对此类博物馆总是趣味盎然。例如，埃及的帝王谷遗址博物馆、英国的铁桥工业遗址博物馆、意大利的庞贝古城，以及我国的定陵博物馆、乾陵博物馆、周口店北京人遗址博物馆、半坡遗址博物馆、大地湾遗址博物馆、秦始皇兵马俑博物馆等，每年都吸引着数以万计的国内外游客和学者前往参观考察。

民俗博物馆更多关注的是地区性民众生活的文化特征，主要包括特有语言、生产方式、生活习惯、文化传统等民间风俗。目前，国内外已经建成了许多著名的民俗博物馆，为推动民俗学和博物馆事业的发展作出了重要贡献。其中，就包括法国民间传统和艺术博物馆、韩国国立民俗博物馆和汉城民俗村，以及我国的天津民俗博物馆、安徽歙县民居博物馆等。

民族博物馆往往收藏有大量反映某个民族历史文化的丰富材料。充分研究和利用这些珍贵的实地走访所获的第一手资料，不仅能够有效提高该民族的自信心和自豪感，而且许多民族学博物馆因此成为对该民族研究的重要学术基地。例如，德国柏林的世界民族博物馆、日本国立民族学博物馆和我国的云南民族博物馆、四川凉山彝族博物馆等，都是国内外知名的民族博物馆。

人类学博物馆是随着近代人类学的发展而发展起来的。同时，它产生之后也极大地推动了人类学研究的发展。这类博物馆在国外起步较早，发展到现在，无论是包括专业人员等在内的软件还是包括建筑设备等在内的硬件都已经颇具规模。其中，比较著名的有加拿大国立人类学博物馆、墨西哥国立人类学博物馆和肯尼亚国立人类学博物馆等。虽然我国人类学的研究起步相对较晚，但是经过多年的发展，现在已经拥有了像厦门大学人类学博物馆和云南大学人类学博物馆这样的高水平人类学博物馆。需要指出的是，由于人类学兼具研究人类体质和社会文化的性质，因此，有时这类博物馆也会被划入自然类博物馆中。

（2）艺术类博物馆

艺术类博物馆则是指那些收藏、研究和展示绘画、书法、摄影、雕塑、民间工艺、陶瓷、织绣、文学、音乐、舞蹈、戏剧、电影等资料的博物馆。当前比较常见的有文学博物馆、文化博物馆、音乐博物馆、电影博物馆、戏剧博物馆和美术博物馆等。

目前，在世界范围内已经建成了许多文学博物馆，以满足广大文学爱好者的需要。其中，既有包括莫斯科文学博物馆、德国现代文学博物馆和日本镰仓文学博物馆等在内的国外文学博物馆，也有像中国现代文学馆和台南文学博物馆这样的国内文学博物馆。

文化博物馆其实同我国博物馆分类中所说的专题性博物馆非常相似，它主要通过收藏、研究和展示某种主题的藏品，进而揭示其文化内涵。如今，这类博物馆在国内外都有较快发展。例如，加拿大文化博物馆、耶路撒冷《圣经》文化博物馆、法国消防员文化博物馆，以及我国的北京宣南文化博物馆、山东聊城中国运河文化博物馆和青海西宁藏医药文化博物馆等，都属于此类博物馆。

音乐博物馆承担着收藏、保护、展示和传承音乐文化的工作，是艺术类博物馆的重要组成部分。例如，巴黎音乐博物馆、维也纳音乐博物馆和西雅图摇滚音乐博物馆都属于国际知名的音乐博物馆，我国也已经建成了黑龙江音乐博物馆，中国现代音乐博物馆。

电影博物馆和戏剧博物馆也是现代常见的艺术类博物馆。例如，中国电影博物馆、巴黎电影博物馆、美国的乔治·伊斯曼国际摄影和电影博物馆及德国电影博物馆等，堪称国际知名的电影博物馆。而意大利米兰的拉斯卡拉戏剧博物馆、英国伦敦戏剧博物馆及我国的北京人民艺术剧院戏剧博物馆、天津戏剧博物馆和上海戏剧博物馆等，则是戏剧博物馆的典型代表。这些博物馆对于电影和戏剧的发展都具有重要的指导和推动作用。

实际上，艺术类博物馆中绝大多数是以收藏和展出包括书法、绘画、雕塑和装饰艺术品等在内的各种造型艺术作品为主的美术博物馆。它又可以被细分为两种类型，一类是艺术史博物馆，主要保存和展示历史上流传下来的各种美术作品。正因如此，有时它也被划入历史类博物馆的范畴。这类博物馆中比较著名的有法国的卢浮宫、意大利佛罗伦萨的乌菲齐美术馆、美国的大都会艺术博物馆、维也纳艺术史博物馆、圣彼得堡的艾尔米塔什博物馆和我国的故宫博物院、上海博物馆等。另外，像美国民间艺术博物馆、比利时安特卫普民间艺术博物馆和我国胡同张老北京民间艺术馆、河南安阳民间艺术博物馆这样的民间艺术博物馆往往也被划归为此类。另一类则是保藏和展示现当代艺术家作品的美术馆。例如，中国美术馆、法国巴黎的蓬皮杜国家艺术和文化中心与美国纽约的古根汉姆美术馆等，都属于世界闻名的当代美术馆。这些美术馆的收藏决策往往会受到流行美学判断标准、社会审美趣味和艺术品市场价格等因素的影响，而呈现出特殊的复杂性。同时这些决策也会对艺术家的创作及社会审美起到一定的引导作用。总之，美术博物馆不仅是社会公众接受审美教育的重要场所，而且是当代博物馆旅游的重要资源。

（3）科学类博物馆

科学类博物馆是指那些以自然界及人类认知、保护和适应自然界所需的科学技术为主要内容的博物馆。它又可以被细分为自然类博物馆和科学技术类博物馆两大部分。

自然类博物馆可以将自然界的一切作为收藏和研究的对象。它们往往会通过研究和展示包括天文、地理和生物等在内的各方面自然藏品，使人们更加深入地了解自然界发展的历史和规律。在国外多将此类博物馆称为自然科学博物馆或自然历史博物馆，而我国则习惯称为自然博物馆。例如，阿根廷的拉普拉塔自然科学博物馆、日本东京的国立科学博物馆、从不列颠博物馆中独立出来的英国自然历史博物馆、巴黎国立自然历史博物馆、美国自然历史博物馆、史密森尼学会下属的美国国立自然历史博物馆及中国地质博物馆、北京自然博物馆、上海自然博物馆等，都是颇负盛名的自然类博物馆。此外，具有博物馆性质的天文馆、水族馆、动物园、植物园、自然保护区和国家公园等也都属于自然类博物馆。

科学技术类博物馆还可以被细分为科学技术史博物馆和科学技术博物馆。科学技术史博物馆往往会系统地收藏和介绍某种科学技术的发展历程。例如，我国的四川自贡盐业史博物馆、江南造船博物馆、湖北黄石铜绿山炼铜遗址博物馆、江苏南通纺织博物馆和美国波士顿交通博物馆、英国曼彻斯特科学与工业博物馆、法国纺织历史博物馆等都属于这类博物馆。科学技术博物馆则主要指那些反映人类社会重要科技成果、揭示科学奥秘的博物馆。虽然从博物馆的发展历史来看，这类博物馆起步相对较晚，但因为其能够与近现代科学技术实现互动，所以发展速度较快，规模也都比较大。而且，它们的现代化程度普遍较高，在运用声、光、电的现代化展示手段和鼓励观众动手参与等方面都具有开拓性作用。因而，自诞生以来，科学技术博物馆一直都是对公众进行科普教育的重要场所。例如，著名的德意志科学技术博物馆、法国巴黎的发现宫、英国伦敦的科学博物馆、美国的奥本海姆探索馆和科学与工业博物馆、加拿大安大略科学中心、中国科学技术馆等，都是这类博物馆的典型代表。此外，众多诸如交通、电信、广播、建筑、矿冶、农林、医药、航天等与现代科学技术相关的专业博物馆，往往也都会被划入科学技术博物馆的范围之内。

（4）综合性博物馆

综合性博物馆的藏品丰富多样，往往兼具历史类、艺术类和科学类博物馆的性质。从世界博物馆发展的情况来看，这类博物馆形成的主要原因就在于其收集藏品时始终保留着博物馆专业化之前的特征，即将所有它们认为有价值、有意义的事物都作为征集对象，而不考虑搜集品所反映内容的学科属性。因此，这类博物馆通常都具有历史悠久、规模庞大、藏品丰富等特点。例如，英国伦敦的不列颠博物馆、埃及博物馆、加拿大皇家安大略博物馆和印度博物馆等，都是举世闻名的综合性博物馆。我国的综合性博物馆则绝大多数属于全面系统反映某个地区自然与生态环境、社会历史、民俗风情和当代建设成果的地方综合性博物馆，也被称为地志博物馆。例如，南通博物苑、山东省博物馆、甘肃省博物馆、湖南省博物馆、黑龙江省博物馆和内蒙古自治区博物馆等便是其典型代表。此外，需要特别指出的是，综合性博物馆如果发展得过大，往往就会像不列颠博物馆那样适时地进行分离。例如，浙江省博物馆就分离出了自然部用以新建浙江省自然博物馆，辛亥革命纪念馆也是从湖北省博物馆分离出来的。而且，随着博物馆专业化程度的不断加深，这种剥离无疑会成为国内外大型综合性博物馆未来发展的必然趋势。

（5）其他特殊类博物馆

虽然博物馆学者按照藏品所反映内容的学科属性对众多博物馆进行了上述的类型划分，但是依然有不少博物馆由于其所拥有的藏品实在太过离奇，而无法被上述四类博物馆所囊括。伴随着新博物馆学运动的兴起，许多像生态博物馆和数字博物馆这样的新型博物馆，由于其藏品的特殊性，也很难进入上述四大分类体系。有鉴于此，我们在四大类型之外，将这些形形色色、奇异特殊的博物馆归为其他（特殊）类博物馆。

生态博物馆是现代博物馆家族中的年轻成员。虽然关于生态博物馆最基本的定义也还众说纷纭，但是它在保护特定地区自然和社会环境的整体性、展示和传承特定族群的历史文化遗存等方面所起的作用，却已被广大博物馆学者普遍认同，作为新的博物馆类型，其已如雨后春笋般在许多国家涌现。例如，法国的勒克索生态博物馆、福尔兰生态博物馆、富尔米生态博物馆，加拿大的上比沃斯生态博物馆、"全社会之家"生态博物馆、洛格山谷生态博物馆，美国的亚克钦印第安社区生态博物馆，日本的钢铁制造区生态遗址博物馆，我国贵州的梭戛生态博物馆等，都是生态博物馆的成功例证。这类博物馆"不是将一定的藏品陈列或收藏于特定建筑中，而是将文化遗产、自然景观、建筑、可移动实物、居民的传统风俗的演示等原状地、自然地保护和保存在其所属社区和环境中。换言之，社区中的一切自然和文化遗产都被看作生态博物馆的组成部分"。因而，它们往往具有学科交融、与所反映社区有机联结、居民参与构建和运行等特征。

伴随着信息化时代的来临，计算机、网络技术开始进入博物馆，博物馆界随之出现了以数字化信息替代实物作为博物馆藏品的新观念，数字博物馆应运而生。数字博物馆也被称为数字化博物馆，是指运用计算机、网络、多媒体等数字技术和手段，将实体博物馆的收藏、研究、娱乐、展示、教育等功能以数字化方式完整呈现的综合信息系统。通常情况下，一个完整的数字博物馆至少由数字藏品、存储平台、加工平台和互动展示平台四部分组成。但由于数字博物馆属于新型博物馆，其理论基础和实践经验都还不完善，因此，国内外各个博物馆的网站、网页和多媒体互动设备便成为当前数字博物馆的主要表现形式。即便如此，借助计算机和网络，它依然显示出诸多优势，例如，能够随意突破时间和空间的限制、实现与观众的高度互动、有效保护博物馆实物藏品、增强博物馆信息资源的开放与共享程度等。正因为如此，我们相信，随着信息技术的不断进步和实践经验的日益丰富，数字博物馆不但会保持现有的良好发展势头，而且会成为未来博物馆不可或缺的重要组成部分。

尽管都是依据藏品所反映内容的学科属性这一标准，但是由于各国文化传统和博物馆的实际情况存在差异，再加上对藏品所反映内容的理解不同、对类型范围的认识各异等，各国博物馆学者据此得到的分类体系也不尽相同。例如，日本学者将博物馆分为五大类，即考古馆、历史馆、民俗馆、民族馆和纪念馆之类；美术馆、庭院之类；天文台、天象仪、理工馆、自然史馆和自然保护区之类；动物园、植物园、水族馆和天然公园之类；综合馆、乡土馆之类。我国则在很长时间内将博物馆分为社会历史类、自然科学类和综合类。博物馆类型划分的复杂性由此可见一斑。

2.按其他标准分类

除了作为主导性分类标准的藏品所反映内容的学科属性外，博物馆的隶属关系、观众形态、建筑及陈展方式等也都是当代国际博物馆学界比较常见的类型划分标准。

（1）按博物馆的隶属关系分类

如果以博物馆的隶属关系作为分类指标，通常可以将博物馆划分为国家博物馆、地方博物馆、企业博物馆、行业博物馆、学校博物馆和私立博物馆等。

国家博物馆，又称为国立博物馆，隶属于中央政府，往往作为国家形象的象征，主要反映本国的自然环境和历史文化。例如，前面提到的中国国家博物馆、故宫博物院、国立美国历史博物馆、墨西哥国立人类学博物馆、艾尔米塔什博物馆、匈牙利国家博物馆、日本东京国立科学博物馆等都属于这种类型。从这里我们也可以看出，即便是同一座博物馆，由于其自身的多重属性，也可以依据不同标准而被划入不同的类型。这也是造成博物馆类型划分复杂多样的一个重要原因。地方博物馆隶属于地方政府，主要反映当地的自然风貌和社会人文。例如，美国的州立博物馆、英国的郡属博物馆及我国各省、自治区、直辖市的博物馆都属于此类。企业和行业博物馆隶属于某个企业或行业协会，用以收藏、研究和展示某个企业或行业的发展历程、重大变革和产业成果等。例如，德国的奔驰汽车博物馆、美国的金融博物馆和我国的中国电信博物馆、青岛啤酒博物馆、上海银行博物馆等，都是国内外知名的企业或行业博物馆。这些博物馆不但是构成企业文化、彰显行业精神的重要元素，而且具有宣传企业和行业形象、促销产品的广告效应。我们有理由相信，随着企业和行业管理者运用博物馆手段意识的不断增强，这类博物馆必然会成为未来博物馆发展的重要趋势。学校博物馆隶属于某所学校，特别是大学，其收藏主要服务于学校的教学和科研活动。如今，国内外许多大学已经拥有了属于自己的博物馆。其中就包括牛津大学的阿什莫尔博物馆、科学史博物馆、自然历史博物馆，剑桥大学的考古与人类学博物馆、菲茨威廉博物馆、动物学博物馆，哈佛大学的艺术博物馆、自然历史博物馆，早稻田大学的会津八一纪念博物馆，四川大学博物馆，北京大学的赛克勒考古与艺术博物馆，厦门大学人类学博物馆，兰州大学博物馆，等等。这类博物馆不仅为近现代博物馆的诞生和发展作出过重要贡献，而且至今依然是博物馆事业的重要组成部分。

私立博物馆即隶属于私人或私人财团的博物馆。这类博物馆在欧美等国不仅起步早，发展快，而且数量多，影响大。法国的玛格画廊、希腊雅典的基克拉迪博物馆、丹麦的路易斯安娜现代艺术博物馆、美国纽约的古根海姆美术馆及美国自然历史博物馆等，都是著名的私立博物馆。虽然与博物馆事业发达国家的私立博物馆相比，我国的私立博物馆在数量、规模和管理水平上都还存在一定的差距，但我们可以预见，随着我国经济和博物馆事业的迅猛发展，这类博物馆必然会得到长足的发展，并在社会文化生活中发挥日益重要的作用。

同样以隶属关系作为分类标准，结合我国的国情和博物馆的实际情况，我们还可以将博物馆分为文化系统博物馆、科技系统博物馆、教育系统博物馆、军事系统博物馆、园林系统博物馆、民政系统博物馆和其他系统博物馆。文化系统博物馆即隶属于文化部门领导和管理的博物馆。国家和各省、自治区、市、县级博物馆大多属于此类。这类博物馆是我国现代博物馆事业的主体，它们不仅在数量上占据绝对优势，而且是国家人力、物力、财力支持和投入的重点。科技系统博物馆主要指那些由中国科学院和各地方科委主管的博物馆。这类博物馆大多是自然博物馆和科技馆，如上海昆虫博物馆、昆明动物博物馆、广东科学中心和沈阳科学宫等。教育系统博物馆就是各大专院校兴建和经营的博物馆，如中国地质大学逸夫博物馆、中山大学生物博物馆、吉林大学博物馆、西北师范大学博物馆和北京服装学院民族服饰博物馆等都属于此类博物馆。军事系统博物馆主要包括以中国人民军事革命博物馆和中国航空博物馆为代表的一批隶属于国家和地方军事机构的博物馆。园林系统博物馆即由园林管理系统管辖的博物馆，如北京定陵博物馆、南京孝陵博物馆和杭州南宋官窑博物馆等。民政系统博物馆就是指那些由民政部门主管的博物馆。徐州淮海战役纪念馆、南京雨花台烈士陈列馆和澳门艺术馆等属于这种类型的博物馆。其他系统博物馆则是指由除上述部门外的其他政府部门领导和管理的博物馆，如隶属于水利部的黄河博物馆、由国家民族事务委员会主管的中国民族博物馆、隶属于中国人民银行总行的中国钱币博物馆等都可以划入此类。

（2）按博物馆的观众形态分类

如果依照参观博物馆的观众形态对博物馆进行分类，则可以将其分为普通博物馆、儿童博物馆和残疾人博物馆。

普通博物馆以全体社会公众为服务对象，适合各类人群参观，我们前面谈到的各类博物馆都属于普通博物馆。儿童博物馆则是以儿童为主要服务对象的博物馆。作为孩子们游玩和学习的重要场所，其间的一切都是根据儿童的生理和心理特点来设计的，它们往往拥有五彩斑斓的色彩、奇异夸张的建筑、新颖有趣的游戏和参与性极强的陈展，这些都十分有利于激发孩子们的好奇心和求知欲，从而培养其细心观察、动手操作和认真思考的能力。例如，美国的布鲁克林儿童博物馆、波士顿儿童博物馆、荷兰阿姆斯特丹的Nemo科学博物馆、日本的横滨儿童科学馆和我国的上海儿童博物馆等，都是世界闻名的儿童博物馆。残疾人博物馆既包括以残疾人作为主要服务对象的博物馆，如希腊雅典的"光明之星"触觉博物馆等，也包括建筑设计和陈展方式充分考虑了残疾人需要的博物馆，如美国大都会博物馆的"残疾观众服务"、无障碍设计的新首都博物馆等。

（3）按博物馆的建筑及陈展方式分类

如果以博物馆的建筑及陈展方式作为分类标准，还可以将博物馆分为室内博物馆、遗址博物馆、露天博物馆和水下博物馆。

室内博物馆就是指将陈展置于博物馆建筑之内的博物馆。目前，国际上绝大多数博物馆是室内博物馆。露天博物馆是指将陈展置于露天环境的博物馆。这类博物馆往往将分散在各地的历史遗存转移并集中在某个特定的区域，由此产生一种摄影棚效应，从而使它既能够展示某个地区或民族在特定历史时期的生活状况，又能够动态地反映某地或某个民族的历史变迁。例如，瑞典斯德哥尔摩的斯勘森露天博物馆、挪威民俗博物馆、芬兰图尔库的手工业博物馆、丹麦的里伯露天博物馆、美国的威廉斯堡、德国的米伦霍夫露天博物馆、日本的明治村和我国北京的石刻艺术博物馆等都属于此类。这类博物馆往往深受参观者和旅游者的青睐，能够创造可观的社会和经济效益。水下博物馆则是指那些将建筑和陈展都置于水下的博物馆，如我国的重庆涪陵白鹤梁水下博物馆就是其典型代表。此外，埃及、墨西哥等国也都在积极筹建新型的水下博物馆。

除了上述国际流行的划分标准外，我们还经常会根据博物馆的建筑规模，将其分为大型博物馆（建筑规模大于10000㎡）、中型博物馆（建筑规模为4000～10000㎡）和小型博物馆（建筑规模小于4000㎡）三类；依据兴办博物馆的目的并结合藏品的性质，将博物馆划分为综合性、纪念性和专门性（专题性）三大类。

综上所述，尽管国内外博物馆学界都在博物馆的类型研究方面取得了一定的成绩，但考虑到未来新型博物馆的陆续出现及博物馆类型划分的复杂性和多样性，我们依然有必要将博物馆类型研究作为当代与未来博物馆学研究的重要课题予以关注。

第二章

博物馆的管理

第一节　博物馆的管理体制

对博物馆的管理是博物馆学研究的重要内容，也是博物馆实际运营过程中所要面临和解决的重要问题。博物馆的管理涉及博物馆的管理体制、管理观念、管理手段等诸多方面，具体包括对博物馆人事、财务、安全及影响正常运营的所有要素的管理。所以说，博物馆管理是多样性的系统工程。博物馆管理水平的高低，直接影响博物馆各项工作的优劣，决定了博物馆能否成功实现其各项效益及能否完全发挥其社会职能。只有运用现代管理科学，结合当今社会和博物馆的实际情况，不断改善对博物馆的管理，开拓创新，才能充分调动博物馆全体工作人员的积极性和创造性，深入挖掘博物馆的资源优势，使博物馆充满生机和活力，从而更好地满足社会公众的多样需求，赢得社会公众的支持，最终创造良好的社会效益和经济效益。

博物馆的管理体制包括宏观管理体制和微观管理体制两个方面。宏观管理体制是指国家对博物馆事业进行的全局性、综合性和指导性的规划和管理，主要是在对全国博物馆事业综合研究的基础上，决策和实施国家博物馆事业建设与发展的方针政策，制定必要的法律法规和具体的管理体制，规划和指导博物馆各项事业的发展与完善。微观管理体制是指博物馆内部的科学管理体系，包括对博物馆各项工作的组织实施和监督管理。

一、博物馆的宏观管理体制

随着博物馆事业的蓬勃发展，现代博物馆已经成为社会文化事业的重要组成部分，其经营和运作也逐渐成为国家及社区文化建设的重要内容。这就不可避免地涉及国家对博物馆的宏观管理体制问题。由于博物馆所属国家的具体情况不同，各国政府对博物馆的宏观管理体制也不尽相同，既存在政府对博物馆的集中管理，又有较为松散的自主管理，还包括两者相结合的宏观管理体制。

（一）国外博物馆的宏观管理体制

在美国，由于博物馆的所有权和资金来源不同，国家对博物馆的管理显得相对宽松。联邦政府直接控制的博物馆主要包括史密森尼学会所辖的博物馆群和内务部所辖的国家公园系统。史密森尼学会是唯一由美国政府资助的半官方性质的博物馆机构。州立、市立的博物馆由各级政府的有关部门进行管理，并提供一定的经费补助，但其主要经费来源还是依靠财团或私人的捐赠。属于公立教育机构管理的博物馆，比如大学开办的博物馆由大学自行管理；由财团、企业、教会、社会团体和私人设立的私立博物馆，则主要由各自的董事会负责管理和筹集经费。美国博物馆宏观管理体制的非官方色彩，与其博物馆发展的历史及美国的政治经济体制密切相关。美国的许多公共博物馆是在地方社团的扶持下建立起来的，其经费在很大程度上也要依靠实力雄厚的私人财团、大型企业、社会团体和基金会提供，这是与美国高度发达的私营经济相适应的。同时，美国的联邦政治体制也使得地方政府拥有较多的权力，各州可以在不违背联邦法律的原则下制定自己的法律法规，这也为博物馆管理的相对宽松提供了政治保障。因此，各州都因地制宜地制定了博物馆法，并由此规定了地方政府对博物馆的管理权限及私立博物馆的所有权与管理权问题。美国的博物馆采取董事会管理制度，董事会是博物馆的最高领导机构，决定博物馆重大活动的安排和馆长的人选。馆长向董事会负责，并贯彻董事会的决议。为了体现国家的宏观管理，州立或市立博物馆董事会的部分成员是由州长或市长任命的，而私立博物馆的董事会成员则不受官方控制，因此，私立博物馆的宏观管理相对更加自由。但是，美国的博物馆并不是松散凌乱、各自为政的，在各地区、州和大学还建立了许多由单位联合起来的博物馆系统，如地方博物馆系统中有洛杉矶博物馆系统、芝加哥公园博物馆系统、卡内基博物馆系统和纽约城文化群等，州立博物馆系统中有科罗拉多历史学会、新墨西哥博物馆系统、印第安纳博物馆系统、宾夕法尼亚州历史与博物馆协会等。每个系统由几座到几百座不等的博物馆构成，这些博物馆有些属于政府部门，有些由公众和私人联合建立，还有些是大学的教学基地。这些系统对博物馆的发展和管理起着重要的协调作用。

法国的博物馆管理采取的是由政府主导的相对集中的宏观管理体制。由于历史等原因，法国一直比较重视博物馆事业的发展，由国家对法国所有博物馆进行监管。随着博物馆事业的飞速发展,更加明确了现代法国博物馆的性质、职责、藏品和管理等相关问题。结合其中的规定和法国博物馆的实际情况,我们可以看出,法国博物馆事业的主管机构是法国文化与通信部,该部下设法国博物馆管理局,具体负责管理并监督国内绝大多数博物馆。其中,对包括卢浮宫、蓬皮杜国家艺术和文化中心等在内的国家级博物馆实行直接管理。博物馆管理局下设藏品司、博物馆建筑和设备司、公共事务、教育和文化传播司、职业及人员司、外联司、博物馆总检查司和金融、法律事务及总务司部门,具体负责博物馆的人员任命及培训、业务指导和支援、财政经费的分配等。除了上述由博物馆管理局直接管理的博物馆外,其他公共博物馆、各协会博物馆和私立博物馆,则由其所属的地方文化事务管理局直接管理。私立博物馆虽然也接受地方文化事务管理局的监管,但其自身设有董事会,对馆内事务进行实际运作。此外,法国国防部、邮电部、教育部、青年和体育部等部门,对本系统所属的博物馆也负有具体的管理责任。

英国博物馆的宏观管理体制则是集中与自主兼而有之。英国的国立博物馆分别由政府各有关部门负责管理,如各遗址博物馆由环境事务部下属的历史建筑遗址和纪念物委员会负责管理,军事方面的博物馆由国防部系统管理,国立综合类和艺术类博物馆由教育部管理,大学博物馆由教育部所属的大学基金会管理。地方博物馆则由地方当局博物馆管理委员会负责具体管理,它是一个民间代表和官方代表组成的联合体,其成员既包括地方议会的议员,又包括社会团体的代表。私立博物馆虽然也设立董事会具体负责博物馆的运营,但其经费在一定程度上还要依赖于政府的财政资助,因此,政府对私立博物馆的宏观管理也相对比较稳定。

日本博物馆的宏观管理体制相对稳定和完善。国立博物馆主要由文部省下属的文化厅负责管理,但国立民族学博物馆和国立历史民俗博物馆归文部省的大学局管理。县立、市立、镇立、村立的博物馆统称为公立博物馆,分别由各级地方政府中的教育委员会负责管理并提供经费。大学附设的博物馆,由大学设立的管理机构进行管理。私立博物馆则由财团、寺庙、私人等捐助单位设立董事会进行管理,其资金来源也主要依靠社会捐助和财团、基金会的拨款。

(二)我国博物馆的宏观管理体制

我国自近代博物馆创建以来,就一直在探索博物馆的宏观管理体制。中华人民共和国成立以后，政府十分重视发展博物馆事业，博物馆的宏观管理体制也在一次次的理论创新和实践改革中得以不断发展完善。

在我国，绝大多数博物馆属于国有博物馆。这些不同性质和类型的国有博物馆，分别由不同系统的主管部门进行管理。综合类博物馆、历史类博物馆、艺术类博物馆、纪念和遗址类博物馆及部分自然历史类博物馆，主要由文化部门负责管理；科技类博物馆和部分自然历史类博物馆由科学研究部门组织管理；高校附属的各类博物馆由教育部门负责管理；地质、农业、纺织、邮电、军事、体育、交通等专门博物馆，则分别由各专业主管部门进行具体管理。同时，我国还根据各国有博物馆所在地、规模、藏品及社会影响的不同，分别将其划归中央、省（自治区、直辖市）、地（市）、县（区）四级相关主管部门，对其进行垂直的分级管理。国务院文物主管部门主管全国的博物馆工作，县级以上地方文物主管部门对本行政区域内的博物馆实施监督和管理。具体而言，国务院有关部门通过各省（自治区、直辖市）的相关厅（局）对其主管的地方博物馆进行具体的业务指导和监管，文化和旅游部和国家文物局则主要通过各省的文化厅或文物局对隶属于文化系统的博物馆进行具体的监管和指导。此外，随着博物馆事业的飞速发展，我国也出现了许多非国有博物馆。这些非国有博物馆的设立必须经过其所在地的省级文物主管部门审核，虽然具体事务由博物馆设立的理事会、董事会等决策机构负责管理，但仍要受到文物主管部门的监督和管理。

我国各级文物主管部门对其直属博物馆的领导和管理主要包括：检查、督促其执行国家颁布的有关管理博物馆事业的方针、政策和法令；审批其事业发展规划和基本建设计划；审查其财政预算，核拨经费，批准决算；核定其人员编制，任命馆长；审定其陈列展览方案；审批藏品的调拨、交换和注销等。文化和旅游部与国家文物局对全国文化系统所辖的博物馆进行的业务指导和监管则主要包括：制定管理博物馆事业的方针政策和条例法规；组织各博物馆交流业务工作经验；审核博物馆及其依托的重要古代建筑、纪念遗址和纪念建筑的维修保护方案，并提供经费和技术援助；审批一级藏品的调拨和复制，指导重点藏品的保护和修复；培训博物馆专业技术人才等。其中，博物馆的基本建设经费方面，属于中央的项目，由中央投资；属于部门的项目，由部门投资；属于地方的项目，由地方投资。而博物馆的业务经费方面，则是国家博物馆由中央有关部门拨给，地方博物馆由各级地方财政拨给。

二、博物馆的微观管理体制

博物馆的微观管理主要探讨博物馆的内部管理体系，涉及博物馆的各项具体工作，包括机构的设置、人事的安排、财务的管理、整体的运营等。只有建立科学高效的微观管理体制，才能使博物馆各项工作变得更加科学化、制度化、规范化和现代化，增强其运营活力，最大限度地实现其社会效益和经济效益。正是因为博物馆的微观管理体制与其生存和发展息息相关，所以，它一直都是博物馆为实现科学管理所关注的焦点。在世界范围内，由于历史文化背景、社会制度、实际国情的不同及博物馆事业发展的不均衡等，各国博物馆的微观管理体制也存在较大的差异。

（一）国外博物馆的微观管理体制

国外博物馆特别是西方国家的博物馆，由于文化传统、市场经济及民主制度等，往往通过设立董事会或理事会对博物馆进行管理。

公立博物馆的董事会或理事会一般由政府部门提名并聘请组成。私立博物馆则由发起人或创办人自行约聘，或由社会团体推荐组成。但无论是公立博物馆还是私立博物馆，董事会或理事会都是博物馆的决策机构。它的主要职责包括：决定博物馆的发展方向；对博物馆内重大业务问题的决策；筹集资金，组织基金会，核定预算；任命馆长等。董事会或理事会的成员主要包括专家学者、社会名流、企业巨头、政府官员和律师等。其中，专家学者主要负责对博物馆学术性和技术性业务的咨询指导；社会名流、企业家可以更广泛地为博物馆筹集资金、捐赠藏品；政府官员和律师则可以密切博物馆与政府及社会团体之间的协作关系，更好地树立博物馆的社会形象。

除管理层的组成和职权外，博物馆内部的机构设置也是博物馆微观管理体制的重要组成部分。国外博物馆内部机构的设置并没有固定的模式，有的是以功能为取向，有的是以学科专业为标准，还有的两者兼而有之，但总体而言，其内部机构的确立都是以提高博物馆整体组织管理效能、更好地服务社会为目的的。

（二）我国博物馆的微观管理体制

我国自现代意义的博物馆建立以来，一直都在积极探索科学合理的博物馆微观管理体制。

目前，虽然我国博物馆的微观管理依旧采用馆长负责制和党委制并行的管理体制，但是通过一系列的领导体制改革，已经基本克服了其早期存在的党政不分、以党代政、效率低下等问题，进一步深化了馆长负责制，逐步推行了行政领导聘任制和以目标责任承包制为中心的管理体制。在这种管理体制下，馆长的权限得以提高，可以更好地组织和开展博物馆的各项业务活动；党委则不再干预具体的业务和行政工作，仅负责政治思想工作，并起到监督和保证博物馆发展方向的作用。馆长负责制和党委制并行的管理体制，以民主集中制和党委的政治核心作用为保障，建立了以目标管理和岗位责任制为主体的考核体系，充分考虑了责、权、利的有效结合，使博物馆的微观管理更加科学化，从而增强了博物馆对现代社会和观众的适应性，有利于博物馆更加协调、有序、高效的运作。

我国博物馆现行的微观管理体制主要分为行政和业务两大部分，实行馆、部（组）两级制。

馆长以下通常还设有办公室，作为馆长进行科学管理的办事机构。其主要职责是协助馆长掌握全馆的工作情况，处理对内对外的各项行政秘书事务。行政部门主要负责处理博物馆的日常行政事务，以保证博物馆各项业务活动的顺利开展；而业务部门则主要负责完成博物馆的各项业务活动。我国博物馆往往在行政部门下设总务、人事、财务、保卫等部门，以便更加做好后勤保障工作，不断改善工作人员的工作和生活条件，提供必要的人力、物力和财力，保证全馆各项工作的高效运作。业务部门则依照博物馆收藏、陈列和教育的功能，分别设置保管部、陈列部和群众工作部。其中，保管部主要负责文物、标本的征集、整理、鉴定、研究，以及藏品的管理、科学保护等工作，一般可以按照征集、鉴定、编目、管理、修复、研究等进行更为细致的分工；陈列部主要负责陈列展览的设计、制作、布置等工作，包括陈列内容和陈列艺术两个方面，也可以按照陈列内容设计、陈列艺术设计和制作布置等进行适当分工；群众工作部也被称为群工部，主要负责组织接待观众、陈列讲解、举办讲座等各种形式的社会教育活动，通常可以按照接待讲解、教育咨询、旅游接待、流动展览等再进行分工。不同规模的博物馆，其微观管理体制也存在差异。规模较小的博物馆，如有些县级博物馆，一般只有一个办公室和一个陈列保管部，或者仅有一个行政组、一个业务组。而有些规模较大的博物馆，如故宫博物院、中国历史博物馆、中国革命博物馆、中国军事革命博物馆、南京博物院等，其机构设置则相对复杂，除上述基本管理体制外，还设有学术委员会、图书资料室、多媒体资料室、专业技术部门、科学研究部门和考古部门等。

上述将博物馆业务部门依照功能进行划分的微观建制，即所谓"三部制"。它是我国博物馆传统的业务机构建制，在长期的博物馆管理实践中显示出了顽强的生命力，但随着社会需求和博物馆学的不断发展，也日益显现出其自身存在的弊端。"三部制"将收藏保护、陈列宣传和科学研究这三个方面密切联系的工作，通过部门的分割设置绝对化地割裂开来，势必会导致专业力量的浪费，即将素质全面的业务人员局限于本部门的狭隘工作，破坏博物馆业务工作的连续性；造成重复劳动，即对于相同的藏品，可能根据各部门不同的需要进行重复的研究；增加扯皮现象，即出现由各部门之间保持相对独立、缺乏交流和沟通所导致的各部门之间对藏品的征集、保管和使用等问题的矛盾。这些都会严重影响专业人员才能的发挥、陈列和科研水平的提高及各部门之间的协同合作，最终造成整个博物馆无法协调、有序、高效地运转。有鉴于此，我国个别博物馆便开始探索改变传统的三部制，尝试按照学科专业进行分工，以系统化、协作化为特点，进行纵向链式的业务机构设置，使保管、陈列和宣教三者紧密联系，形成三位一体的业务体制，即所谓"一条龙"。这种业务机构的微观建制可以统一协调各种业务力量，集中地开展专题业务活动，对于减少专业力量的浪费、减少重复劳动、避免扯皮，均具有明显的作用。但通过实践发现，它同样也存在自身的缺陷，如削弱了博物馆各部门的专业力量、分散了博物馆的藏品、难以解决原来库房设置和人员知识构成的适应性等问题。因此，虽然我国博物馆现行的业务机构设置仍然以"三部制"为主，只有个别博物馆采取了"一条龙"的业务体制，但对于博物馆业务机构微观建制理论和实践的讨论依然还在继续。

其实，不论博物馆采取何种建制，都要从自身的实际情况出发，在进行内部机构设置的过程中遵循下述原则，使博物馆能够协调统一、高效顺畅地运作，最终实现良好的社会效益和经济效益。

首先，博物馆的微观建制要遵循实事求是、精简高效的原则。这就要求博物馆在进行内部机构设置的过程中，必须从本馆的实际出发，结合自身的性质、职能和特点，在确保实现管理目标的前提下，恰如其分地确定机构设置和人员编制，尽可能地减少不必要的层次和部门，从而切实提高各部门的工作效率，保证博物馆各项工作的正常、高效运作。

其次，博物馆在进行微观建制时，应当遵从责权相称、奖罚分明的原则。责权相称也称为责权一致，是博物馆实现高效管理的重要手段。因为权力是承担责任的保证，而责任是行使权力的目的。因此，博物馆的机构设置必须确保各部门享有与其任务和职责相对应的权力，即按照职责的大小赋予相称的职权。同时，要实现责权相称还必须建立和健全激励机制，通过行之有效的法规、考核和奖惩制度，保证各部门合理行使职权，履行与职权相称的职责。

再次，博物馆的机构设置应当遵循相对稳定、灵活适应的原则。所谓相对稳定、灵活适应，就是指博物馆的内部机构一旦设置，其职权范围、工作流程、办公秩序、人员构成和规章制度等便不能随意更改，以确保博物馆管理的连续性。但这种稳定又是相对的，当客观环境发生变化时，博物馆的机构设置也要在保持稳定的同时，随着环境的变化进行调整，与时俱进，以增强其适应性，从而更好地发挥博物馆的各项职能。

最后，博物馆的机构设置要遵循服务观众、贴近社会的原则。博物馆作为社会公众服务机构和社会文化生活的重要组成部分，必须承担起相应的社会责任。这就要求博物馆在进行内部机构设置时，要特别注意服务观众、贴近社会，将满足观众需求、贴近社会实际生活作为博物馆各部门工作的指导思想，以确保为社会及其发展服务目标的实现。

第二节　博物馆工作人员

博物馆管理的核心问题就是对博物馆工作人员的管理。因为博物馆的工作人员是构成博物馆的所有要素中最为重要、最为活跃的要素。首先，博物馆各部门都需要选择、配备和培养具有良好职业道德和专业技能的工作人员，以实现其职能；其次，博物馆的各项工作都需要通过各部门工作人员和谐高效的运作才能得以顺利实施；最后，博物馆要保证其生存和发展，必须从内部调动工作人员的积极性和创造性，增强其主人翁意识，形成团结一致的合力。所以，建立完善的博物馆人事体制、实现对博物馆工作人员科学化和人性化的管理、培养他们良好的职业道德、不断增强其综合素质和专业技能，也可以看作提高博物馆各项工作效率和质量的根本。

一、博物馆工作人员的基本构成及其专业素养

博物馆通常会依据其自身的性质、特点和职能,结合其微观建制,建立适合本馆实际需要的人员构成。但总体来说,博物馆的工作人员主要是由以馆长为代表的管理人员、各类专业技术人员和行政人员组成的。由于这些工作人员在博物馆运作过程当中的职责和任务各不相同,因此对他们所具备的专业素养的要求也有所差异。

(一)博物馆的馆长

西方国家的博物馆馆长一般由该馆的董事会聘任,负责对博物馆日常工作的管理。其主要职责包括：随时关注本国政府的有关政策,加强博物馆工作的政治适应性；聘请最适宜的专家负责博物馆各相关部门的工作；通过各种渠道募集、筹措博物馆各项活动所需的资金；领导、协调博物馆内各部门的工作,使博物馆能够高效运作等。这就要求博物馆馆长对内要有行政管理能力,对外要有较强的社交能力,以便提高博物馆的声望和信誉,从而更广泛地争取文物、标本和经费资助。因此,西方博物馆学者认为,一位优秀的博物馆馆长不但应当是博学的学者,而且应当是出色的社会活动家。

在我国,作为博物馆法人代表的馆长,通常是由上级领导机构任命,对内主持全馆的业务、学术、人事、财务、行政等日常工作；对外代表博物馆,就全馆的工作向社会公众和主管机构负责。在馆长之下,往往设有副馆长,协助馆长进行博物馆的管理。我国博物馆馆长的主要职责包括：遵守国家制定的博物馆法律法规,贯彻执行主管部门作出的决定,努力推进博物馆工作的健康发展；主持制订和组织实施博物馆的发展计划、年度工作计划和财务计划；领导博物馆的各项业务工作及行政管理工作；建立健全博物馆内部各项规章制度,以确保博物馆的正常运作；采取有效措施,做好安全保卫工作,确保以藏品为主的博物馆财产的安全；加强工作人员的队伍建设,重视智力投资和人才开发,有计划地培养和选拔人才,并采取切实措施,不断改善工作人员的工作和生活条件；适应市场经济发展,扩展经营服务范围,广开渠道,筹措资金；努力提高博物馆的技术进步和现代化管理,不断提高工作效率和服务水平；积极开拓博物馆的对外关系,密切

博物馆与社会的联系，处理好博物馆的对外事务，等等。

综上所述，不论是在国外，还是在国内，馆长在博物馆的领导和管理活动中，始终处于主导地位。由于博物馆经营管理的特殊性，馆长的业务能力和行政水平往往对博物馆的兴衰成败具有决定性的作用。因此，当今世界各国博物馆对馆长的选择都十分慎重，无论是在职业道德，还是在专业知识和领导能力等方面，都对其提出了更高的要求，力图挑选优秀、称职的馆长，领导博物馆最大限度地创造社会效益和经济效益。

实践证明，要选拔优秀、称职的博物馆馆长，应当从思想道德、专业素养、管理能力和身体素质四个方面对候选人进行考察，最终择优聘用。

首先，作为博物馆的一馆之长，应当具有较高的思想觉悟和职业道德。这主要体现在，对博物馆的工作要有全面深刻的认识，时刻保持高度的责任感和使命感，以最大的热忱投入博物馆的各项工作当中；将观众视为博物馆的生命线，以传播知识、启迪智慧和交流思想为目的，密切联系群众；严格要求自己，廉洁自律，能够公平、正直地处理问题。

其次，博物馆馆长应该具备良好的专业素养。由于博物馆业务工作的专业性和系统化，要求馆长也要不断学习，争取成为通晓博物馆各项业务工作的多面手，从而在所从事的专业领域有自己的地位和发言权。作为博物馆的代表，他在学术领域的良好声望与所受到的尊重，不仅有利于其在博物馆业务人员中树立威信，而且有助于扩大博物馆的影响，从而建立更广泛的社会联系。

再次，博物馆馆长必须具有较强的组织管理和社会活动能力。现代博物馆事业发展迅速，竞争激烈，机遇与挑战并存，只有在馆长科学有效的领导和管理下，才能使博物馆立于不败之地。这就要求馆长应当具备现代化的目标管理意识、人本管理意识、制度管理意识和开拓创新意识，从而增强其决策能力，提高其工作效率，做到知人善任，能够把握机遇，最终领导博物馆走向成功。同时，现代博物馆管理，还要求馆长成为出色的社会活动家，能够建立广泛的社会联系，从不同的渠道为博物馆吸纳资金和捐赠，从而保证博物馆正常高效地运转。

最后，随着博物馆事业竞争的加剧，博物馆馆长的工作日益繁重，因此，对其身体素质的要求也越来越高。博物馆馆长一定要身体健康，最好是年富力强，只有这样才能保证其有充沛的精力和体力应对各项工作，以实现博物馆的持续、高效发展。

（二）博物馆的专业技术人员

所谓专业技术人员，就是指从事博物馆藏品的征集、整理、鉴定、研究、保护修复，以及进行陈列展览和开展宣传教育等工作的业务人员，主要由藏品管理人员、藏品登录人员、藏品修复人员、陈列设计人员、宣传教育人员和科学研究人员组成。各类博物馆都应当根据自己的实际情况和需要，配备与其相适应的专业技术人员，如历史类博物馆需要熟悉历史学、考古学、民族学、艺术学、鉴定学、古器物修复和书画装裱知识的专业技术人才，而自然类博物馆则需要具备动物学、植物学、天文学、地质学、物理学和化学等自然科学知识及标本采集、制作等技能的专业技术人才。博物馆作为一个多门学科、多种专业知识和技能融汇的社会服务机构，在选用自己所需的专业技术人员的过程中，通常也要从思想道德和业务素质两大方面对其进行考察。

在思想道德方面，不但要求专业技术人员热爱博物馆事业，树立为社会公众服务的信念，而且要严格遵守博物馆专业技术人员的职业操守。具体而言，各部门的专业技术人员都必须坚守工作岗位，合理合法地运用权利，严格高效地履行义务。征集人员在征集藏品时，应当公正无私，既不能损害捐赠者，又不能偏袒捐赠者；管理人员在管理藏品时，应当明确藏品是国家财产，绝不能利用工作之便，将藏品化公为私，监守自盗；鉴定人员在鉴定文物、标本时，应当认真负责，不能为了个人利益以次充好，更不能因为一己之私，参与文物、标本的收购、倒卖；同事之间应当坦诚相待，积极开展相互之间的学习和合作；对待社会公众除了热情专业之外，还要注意不能随意透露博物馆的保密资料和数据等。

在业务素质方面，要求博物馆专业技术人员不但精通所从事业务的专业知识和技能，熟悉国内外本专业的研究动态，而且掌握一定的博物馆学基础知识和相关业务学科的专业知识及技能，能够利用先进的设备和方法进行科学研究。特别是在科技飞速发展的今天，更要求博物馆专业技术人员在努力成为本专业专家的同时，不断适应博物馆发展的需要，调整和拓宽自己的知识结构，力争成为精通专业、涉猎广博的一专多能型专业技术人才。

随着博物馆事业的蓬勃发展和整体水平的不断提高，博物馆不仅对专业技术人员的个人素质提出了较高的要求，而且应当对专业技术人员群体结构的优化予以重视。这就要求博物馆在选拔、配备和培训博物馆专业技术人员时，在年龄结构上，要注意老、中、青相结合，尤其应注意对中青年专业技术人员的培养，以使博物馆的各项业务工作保持较强的连续性；在学历结构上，不仅需要学识丰富的专家学者、博士、硕士，而且需要具有较强可塑性的本科生、专科生；在专业结构上，要注意结合博物馆藏品丰富、涉及知识面广的特点，尽量选用素质全面、一专多能的综合性人才；在职称结构上，应当控制好博物馆专业人员中管理员、助理馆员、馆员、副研究员和研究员的比例，使各级专业技术人员能各尽其能、各司其职。

（三）博物馆的行政人员

博物馆的行政人员是指博物馆内部处理日常行政事务、负责安全保卫、提供后勤服务的工作人员，主要包括办公人员、财务人员、技术人员、保安人员和后勤服务人员。办公人员主要负责办理日常的行政事务，如公务接待、收发信件、接受咨询、处理和保存各类文件等；财务人员主要负责处理博物馆对内、对外的各类账目和收支情况等；技术人员主要负责博物馆内部设备的日常维护和修理，包括水电工、木工、修理工、计算机和网络管理员等；保安人员主要负责保证博物馆所有财物及观众的安全，并及时应对各种突发情况等；后勤服务人员则要为博物馆各个部门提供强有力的后勤保障，如保持博物馆的清洁等。博物馆若要正常运营，就必须配备足够数量的行政人员。他们与专业技术人员对于博物馆而言，就如同车之两轮、鸟之双翼，相辅相成，缺一不可。他们之间的密切配合、团结互助，是保证博物馆和谐有序、高效运作的必要条件。

作为博物馆的行政人员，首先，必须热爱本职工作，具备热心服务的精神，力争为博物馆各个部门和社会公众提供高效优质的服务；其次，具有较强的责任心，严格执行岗位责任制，争取将本职工作做到最好；再次，要增强业务能力，积极学习相关的专业知识，提高自身素质，提升服务品质；最后，克己奉公，不断提高办事效率，加强与博物馆专业技术人员的团结合作，为博物馆和谐、有序、高效、顺畅的运作创造条件。

博物馆的工作人员除了上述专门供职于博物馆的管理人员、专业技术人员和行政人员之外，还包括社会公众中那些关注博物馆事业、对博物馆及其活动兴趣浓厚、想要共同参与博物馆建设与发展的非专职工作人员。博物馆若吸纳这些人员参与博物馆的日常工作，不但可以增添博物馆的民主色彩，密切博物馆与社会公众的联系，更加充分地发挥博物馆的社会教育职能，而且可以在一定程度上降低博物馆日常运转的成本，充实博物馆的人力资源，从而有效地缓解博物馆因经费和人员不足所带来的压力，使博物馆能够更快、更好地发展。

随着博物馆事业的发展和民众综合素质的提高，越来越多的社会公众将成为博物馆非专职工作人员视为调剂生活、增长知识、回馈社会和扩展社交领域的最佳途径。因此，国内外许多博物馆已经建立了形式多样的非专职工作人员体系，主要包括部分时间工作人员、实习学生和义务工作人员。如今，这些来自社会各界的非专职工作人员已经成为博物馆人力资源的重要补充。

所谓部分时间工作人员，其实就是根据博物馆的工作需要，临时聘用的兼职工作人员。他们的受雇关系往往会随着工作任务或项目计划的结束而终止。受雇期间，虽然博物馆会采取按时计酬的方式支付薪水，但这些兼职工作人员往往都不是以挣钱为主要目的的。他们大多关心和热爱博物馆事业，愿意利用自己的空余时间和所掌握的技能，帮助博物馆完成力所能及的工作。所以说，他们的工作带有更多义务的性质，只是象征性地收取博物馆支付的酬劳而已。这些兼职工作人员来自社会的各个阶层，但都拥有一技之长或者博物馆相关专业的知识背景。由于他们具有一定的专业技能和知识背景，而且易于管理和监督，因此博物馆通常会安排他们从事展览的规划制作、一般藏品的建档与维护、活动的宣传推介、教案教材的设计制作、日常的行政公务、公共服务和执勤巡视等工作。他们大多会尽职尽责，出色地完成所分配的工作任务，为观众提供优质高效的服务。因此，许多博物馆都将部分时间工作人员制度作为降低运营成本、解决工作人员不足的重要途径。

实习学生也是博物馆非专职工作人员的重要组成部分。所谓实习学生，就是指那些对博物馆工作具有浓厚兴趣，充满为社会公众服务的热忱，积极投身博物馆日常工作的在校学生。实习学生主要以大学生和研究生为主，他们参与博物馆的工作，不但可以作为社会实践获取学分，完成自己的学习任务，而且可以拓宽知识面，学习更多的博物馆知识，有时还可以获得博物馆提供的少量补助。他们在博物馆往往被安排从事一般藏品的管理与维护、资料的搜集及计算机建档、陈列展览的制作布置、博物馆活动的规划执行、对观众的服务和调查及博物馆产品的出售等工作。实习学生大多数对工作认真负责，充满朝气和热情，能够圆满地完成其所从事的工作。对于他们而言，不仅可以利用在博物馆的工作实践，学习许多专业知识和技能，而且可以通过实习回报社会，提高自己适应社会的能力；

对于博物馆而言，则既可以通过他们弥补馆内的人力不足，又可以借此机会培养和选拔年轻的博物馆人才。因此，可以说，博物馆通过吸纳实习学生从事馆内日常工作，最终实现了博物馆与实习学生的双赢。

义务工作人员，主要包括博物馆之友和义工。他们也是当代博物馆非专职工作人员的重要构成。博物馆往往会安排他们从事相关的服务性工作，如提供预约咨询、售票寄存、解说导览等，有时也会允许他们从事博物馆的行政管理及藏品的保管与维护、陈列展览的规划布置、藏品的研究等业务工作。义务工作人员虽然没有薪金酬劳，但是他们可以享受免费停车、免费参观陈列展览、免费参加博物馆活动，以及以折扣价在馆内的餐厅和商店进行消费等优惠待遇。近年来，随着义工制度的深入发展，越来越多的社会公众想要加入博物馆义工的行列。要想成为博物馆义工，必须先由本人向博物馆提出申请，经过博物馆考核被认为能够胜任某项工作时，才能被批准参与义务服务。不同的义工岗位有不同的要求，有的不需培训就可以直接上岗，如没有技术要求的服务性工作，可以边工作边学习；有的则必须经过专门的培训才能正式上岗，如讲解员一般需要2~3周的专门训练，训练内容包括博物馆简介、环境认知、熟悉各展区内容、讲解技巧、突发事件的应变处理等。对于表现优秀的义工，博物馆还会每年定期举行活动，对其进行表扬嘉奖。

总之，博物馆的非专职工作人员对于扩大博物馆影响、增加其社会认知度、节约经费开支和弥补人力资源不足等具有重要意义。因此，各国博物馆都应该努力建立和健全非专职工作人员制度，使其为博物馆事业的发展发挥更大的作用。

二、博物馆工作人员的职业道德

所谓职业道德，就是指从业人员在其职业活动中应当遵循的与其职业活动紧密联系的道德原则和行为规范的总和。职业道德既是从业人员在职业活动中应当遵循的行为规范，又是从业人员对社会所应承担的道德责任和义务。在人类社会中，各行各业都有自身的职业道德，博物馆也不例外。培养博物馆从业人员良好的职业道德，不仅有利于提高从业人员的个人素养，维护从业人员的利益，调节从业人员的内部关系，增强其凝聚力，保证博物馆和谐高效地运营，更好地塑造和体现其作为社会服务机构的社会形象，而且有利于改善博物馆与观众的关系，加强社会公众对博物馆的监督，促使博物馆更好地发挥其社会职能。因此，不论是博物馆的专职工作人员，还是非专职工作人员，只要从事与博物馆相关的各项工作，就必须严格遵守博物馆从业人员的职业道德。特别是在当前的市场经济条件下，随着艺术品收藏的升温，博物馆工作人员经常会面对各种利益诱惑，这就对博物馆从业人员提出了更高的职业道德要求。

职业道德规范从个人对藏品的责任、个人对社会的责任、个人对同事和专业所承担的责任等方面阐释了博物馆的各项责任和义务，对博物馆从业人员的职业道德素质和职业道德行为提出了更加严格的要求，并且规定了博物馆从业人员应当遵循的职业道德最低标准。

实际上，任何时期的职业道德规范，都要求世界各国的博物馆从业人员热爱，并且忠诚地服务于博物馆事业，严格遵循国际博物馆学界公认的职业道德规范。其内容主要包括：遵守博物馆的收藏方针，以公平、公正的态度进行征集，并且妥善保存、管理和修复藏品；保护博物馆为展览或研究而饲养的动植物；慎重对待人类遗骸和宗教圣物，尊重各民族的感情和各种宗教信仰；保证工作人员的个人收藏不应与博物馆发生利益冲突；维护自身的职业标准，积极宣传介绍，使社会公众更好地了解博物馆的目的与职责；采取专业、礼貌的方式保持同观众的交往，分享所掌握的专业知识和技能；注意保守博物馆与藏品物主的保密信息和个人隐私；努力创造并维系良好的工作关系，加强合作，资源共享；不参与与其服务博物馆收藏物品相似或相关物品的经营；只有在正当、合法的情况下，才能出具文物、标本的书面鉴定书或者估价凭证；在征集、鉴定等工作中，发现非法、违禁物品，应及时告知有关政府部门等。

不仅国际博物馆协会对博物馆从业人员提出了基本的职业道德要求，而且我国结合自己的国情和博物馆工作的实际状况，切实制定了适合我国博物馆事业发展的博物馆从业人员职业道德规范，分别从从业者的思想意识、实际工作和社会职责等方面，对我国博物馆从业人员的职业道德进行了更加全面具体的规定。总而言之，博物馆工作人员只有严格要求自己，不断提高自身的职业道德修养，才能更加廉洁高效地开展博物馆工作，更好地推动博物馆事业持续、健康地发展。

三、博物馆工作人员的培训

博物馆作为社会文化教育机构，对于工作人员的职业道德和业务素质都有着较高的要求，只有经过专业的培训，他们才能胜任自己的工作。即使是在职的博物馆工作人员，也必须积极学习新的知识和技能，这样才能做好本职工作，才能更好地适应社会发展的需要。特别是近年来，随着社会的进步和博物馆事业的现代化，对博物馆工作人员的能力提出了更高的要求，不仅要求他们掌握博物馆学的基础知识和所从事工作的专业技能，而且要求他们了解博物馆其他工作的相关知识，拥有一定的公共活动组织能力和信息处理能力。要提高博物馆工作人员的水平，就必须为他们创造再学习的机会，通过各种形式的培训，及时地更新他们的思想观念，增强他们的业务水平。但实际上，就世界范围而言，针对博物馆工作人员的培训还相对比较薄弱，许多博物馆从业人员都没有经过专业的训练，不具备基本的业务知识和技能，或者其知识结构和技能无法满足现代博物馆实际工作的需要。因此，如何对博物馆工作人员进行科学系统的培训，从而全面有效地提高其综合素质，便成为现代博物馆学界一个迫切需要解决的问题。

目前，博物馆学界对博物馆工作人员的培训主要有三种形式，即博物馆自身设立培训机构进行培训、国际组织和各国政府组织的培训，以及通过大学与博物馆合作进行培训。

博物馆自身设立培训机构进行工作人员的培训始于法国的卢浮宫。学院系统全面地开设了与博物馆工作相关的许多课程，使其不但成为培训博物馆学人才的重要机构，而且为博物馆在职工作人员提供了接受专门训练的地方。现在，世界各国许多大型博物馆都采取设立培训机构或聘请专家开设短期培训班的方式，逐步加强对博物馆工作人员的培训，使其业务理论和实践水平得以提高。

为了推动博物馆事业的发展，提高博物馆工作人员的水平，国际组织和各国政府也积极组织针对博物馆从业人员的培训。例如，联合国教科文组织就经常地举办短期培训班，对世界各国的博物馆工作人员进行专门训练；国际博协为了解决博物馆工作人员的培训问题，还专门设立了"国际博物馆协会人员培训工作小组"，各国政府及博物馆协会也都通过开办培训班、组织实践学习等方式，不断加强对博物馆专业人员的培训。

通过高等学校与博物馆的合作对博物馆专业人员进行培训，也是开展博物馆人员培训的重要手段。实践证明，以高等学校为基础，与博物馆合作对博物馆人员进行培训，确实具有相当好的效果。大学可以通过设置博物馆学专业，开设博物馆学的相关课程，对学生和博物馆工作人员进行专业训练，使其全面系统地掌握博物馆学理论和相关的专业知识；而博物馆则可以为他们提供理论联系实际的机会，让他们在实践中进一步丰富和完善专业技能。因此，当代世界许多国家在大学设置了博物馆学专业，用以进行博物馆人才的培养，辅之以博物馆训练，增强他们的技能，最终达到提高博物馆工作人员职业素养和专业技能的目的。

我国博物馆一直比较重视对博物馆工作人员的培训，长期坚持开展培训工作，通过在工作实践中不断吸收国外博物馆工作人员培训的先进经验，结合我国博物馆的实际情况，积极钻研，开拓创新，最终总结出了一套颇具特色且切实可行的博物馆工作人员培训方法。

第一，以德才兼备、一专多能作为博物馆工作人员培训的宗旨和目标。

所谓德才兼备，就是要求博物馆工作人员不但应当具备良好的职业道德，而且应当具备过硬的业务素质。随着社会经济的发展和艺术品投资的升温，博物馆工作人员势必受到来自各方面的利益诱惑，这就要求博物馆通过培训，培养工作人员树立坚定的责任感和使命感，强化其职业道德修养，自觉抵制各种利益诱惑，甘于奉献，坚守岗位。同时，博物馆事业的现代化发展，也要求博物馆工作人员必须与时俱进，利用各种培训和学习的机会，积极学习，掌握过硬的业务知识，以便更好地适应时代的需要，搞好本职工作。因此，博物馆必须将德才兼备作为工作人员培训的宗旨。

一专多能则是对当代博物馆工作人员提出的新目标。所谓一专多能，就是要求博物馆工作人员应当精通一门专业理论和职业技能，同时掌握博物馆工作所需的一般理论和多种技能。随着博物馆事业的不断发展，博物馆日益成为社会文化生活的重要组成部分，博物馆工作逐步成为集思想性、学术性、专业性和娱乐性于一体的综合性工作，这些都要求博物馆工作人员必须立足本职，熟悉博物馆的相关工作，掌握多种知识技能。通过培养一专多能的工作人员，不仅可以满足现代博物馆工作的需要，更好地发挥博物馆的各种职能，而且有利于博物馆减员增效的有效实现。因此，博物馆必须以培养一专多能的工作人员作为主要目标。

第二，采取灵活多样的方式，全面系统、科学有效地开展对博物馆工作人员的培训。

我国博物馆对工作人员培训的形式灵活多样，主要包括通过大学培养和训练博物馆工作人员、参加国内外组织的各种培训班及博物馆内部的交流学习等。

目前不少大学开设了博物馆学专业，教授博物馆学概论、考古学通论、文物鉴定、博物馆陈列艺术、藏品保护与修复、绘图与摄影、文物保护法、中国通史、世界历史、科技史、美术史等课程，举办博物馆学系列讲座和讲习班，组织学生参加博物馆工作实践。这些高校不但培养了大批博物馆专业的本科生和研究生，为博物馆事业及时地输送着新鲜血液，而且担负着培训博物馆在职人员和业余工作人员的重任，是博物馆工作人员培训的重要场所。尽管如此，我国博物馆从业人员中，接受过博物馆学系统训练的还是相对较少，加上我国大多数博物馆是由文化和旅游部管辖，系统内人员具有一定的流动性，由于各种原因，进入博物馆的工作人员往往缺乏博物馆从业的相应学术背景。因此，我国博物馆非常重视高等学校对博物馆工作人员的培训，力争通过大学开办的学制不同的学位班和进修班，使博物馆工作人员的综合素质得以全面、迅速提升。

如前所述，联合国教科文组织在欧洲、美洲、非洲和亚洲等设有博物馆培训中心，国际博物馆协会也在智利、圣地亚哥等地开办有培训班，为世界各国的博物馆工作人员提供全面系统的培训。我国为了加强对博物馆工作人员的培训，也先后由国家文物局组织在江苏扬州和山东泰安等地建立了博物馆工作人员的短期培训基地，各省、自治区、直辖市的文物保护单位和博物馆、博物院（简称文博）主管部门也积极组织开办了各类培训班。国内外组织的这类培训班，都采取聘请相关专家学者开办讲座的形式，分主题对博物馆各项工作进行全面深入的讲解，力图通过短期培训，使博物馆工作人员的业务素质和职业技能得以迅速提高。实践证明，博物馆选派工作人员参加国内外组织的培训班，不但可以使他们的工作能力得以提高，而且可以通过参加培训开阔他们的视野，加强与国际博物馆学界的交流，激发他们的工作热情，使其更加积极地投身本职工作。

我国各个博物馆为了提高工作人员的整体水平，使其更好地适应社会发展的需要，也都在积极组织针对博物馆各部门工作人员的交流和培训。博物馆内部的培训手段也是灵活多样的，既可以充分利用自身优势，组织馆内专家和先进工作者对新入馆工作的人员进行岗前培训，细致讲解岗位职责和博物馆基本知识，又可以结合博物馆的具体工作，本着踏实认真的态度，在实际工作过程中边干边学边总结，不断提高自己的工作水平；可以加强博物馆的内部交流，鼓励馆内人员交流先进的工作经验，定期组织学习，积极开展业务竞赛，并且大力提倡老同志对年轻工作人员的传、帮、带，努力提高工作人员的业务技能。此外，博物馆还可以利用馆际交流的机会，邀请其他博物馆的专家学者传授先进的工作经验，不断提升博物馆工作人员的综合素质。

第三，我国博物馆工作人员的培训应当结合博物馆实际，注意合理规划，实施重点培训。

我国博物馆在进行工作人员培训的具体操作过程中，首先，应当从各馆的实际出发，根据博物馆各部门的实际需要，在对现有工作人员进行全面分析的基础上，制订各部门工作人员的培训计划，以实现人员培训的合理规划。其次，应当充分利用各种途径，针对工作人员的薄弱环节进行培训，做到先补基础，再补专业，循序渐进，使其思想素质和专业技能都能得到全面的提升。再次，应当注意对馆内中青年工作人员的重点培训。中年工作人员是博物馆各项工作的骨干，青年工作人员则是博物馆的未来和希望，将他们作为培训重点可以有效地提升博物馆的发展潜力，为博物馆的腾飞奠定基础。而且，中青年工作人员精力充沛，接受新观念、新技能的能力较强，可以更好地达到培训的目的和要求。因此，博物馆应当适时地对中青年工作人员进行岗前培训，尽量为他们创造在职进修和脱产学习的机会，使他们能够更新观念，掌握先进的工作技能，为博物馆注入生机和活力。最后，应当对工作人员的培训结果进行检查，建立科学有效的考核制度。对于培训结束后工作能力有显著提高者，应当给予奖励，并将培训学习的经历作为晋升的重要参考；反之，则应当给予相应的处罚。

总之，对博物馆工作人员的培训是一项长期且艰巨的任务。在具体的培训过程中，应当注意合理规划，加大力度，有重点地开展多种形式的培训学习，切实有效地保证培训工作的质量，使工作人员的思想道德和业务素质得到全面的提升。力争通过培训，培养一支德才兼备、一专多能的工作人员队伍，使其能更好地适应博物馆工作的需要，推动博物馆事业的长足发展。

第三节　博物馆营销

在市场经济条件下，博物馆既要举办陈列展览、保护修复藏品、开展学术研究、维护建筑设备，以维持自身的生存，发挥作为社会文化教育机构固有的社会职能，又要适应社会的发展和时代的要求，更新硬件设备，提升整体素质和服务水平，谋求新的发展，以完成博物馆宣传教育、娱乐休闲和充实人生的新的历史使命。而这一切的实现需要强有力的经费支持，但世界上大多数博物馆却面临着资金短缺的共同问题。因此，当代博物馆要生存和发展，在残酷的市场竞争中立于不败之地，就必须积极开展博物馆营销。

科学合理的博物馆营销，不但可以为博物馆创收，有效地缓解博物馆生存发展所面临的资金不足问题，而且有利于增强博物馆的市场竞争意识，提高博物馆的经营管理和服务水平，同时扩大博物馆的影响，推动博物馆的现代化进程，最终实现社会效益和经济效益的双赢。换句话说，博物馆营销的开展意味着博物馆领域主动引入市场机制和竞争机制，这必将极大地激发博物馆的活力，促使博物馆不断改进管理、降低消耗、提高质量、更新产品，从而更好地推动博物馆事业的健康发展。

一、博物馆的营销理念及其特点

所谓博物馆营销，就是指博物馆经营者从社会需求和消费者需要的角度出发，通过分析其自身资源，确定目标市场，采用适当的营销策略和手段，满足社会需求和消费者需要，最大限度地实现其社会效益和经济效益的过程。其实，博物馆营销就是运用市场营销理论，结合博物馆的实际情况，对其进行运营和管理，在不违背博物馆作为公益性社会服务机构的前提下，坚持社会效益优先的原则，努力创造最大的经济效益。因此，要想理解博物馆的营销理念，就必须先熟悉和了解市场营销的基本理论。

市场营销是社会过程和管理过程，个人和团体通过制造、提供以及与他人交换有价值的产品以满足自身的必需和需要。市场营销是"关于构思、货物和服务的设计、定价、促销和分销的规划与实施过程，目的是创造实现个人和组织目标的交换"。从上述市场营销的定义可以看出，在市场经济条件下，市场营销实际上是一个系统工程，包含产品制造者、产品、市场及营销策略等诸多因素，只有处理好每一个环节，并使之达到最优配置，才能实现提高效益的目的。

市场营销理论认为，市场就是指具有特定需求和欲望，愿意并能够通过交换来满足这种需要或欲望的全部潜在顾客。它是市场营销的重要组成部分，市场的特点影响着产品的开发和营销策略的制定。因此，在市场营销过程中，必须重视市场的培养，积极采取有效的营销策略稳定已有市场，同时拓展新兴市场，力争通过占领广阔的市场，实现经济效益的最大化。而产品则是指能够满足消费者某些需要或利益的物质实体和非物质形态的服务。它不仅具有直观的现实意义，而且包含抽象的社会意义和心理意义。它也是开展市场营销的重要因素，只有以市场为导向，推出物美价廉的产品，才能够有效占领市场。但仅仅凭借对市场和产品的了解，尚不能实施成功的市场营销，只有制定适应市场需求、符合产品制造者特点的营销策略，才能最终创造理想的经济效益。营销策略就是为了满足消费者的需求或利益，在对市场和产品进行调查分析的基础上，确定的包括市场、产品和促销在内的市场营销组合，以销售产品并获取利润为目的。成功的市场营销，其实就是通过营销策略的制定和实施，以市场为导向，增强产品的适用性和特点，实现产品制造者、产品和市场的优化配置，最终达到树立良好社会形象、获得市场效益的目的。

博物馆营销是市场营销理论在博物馆领域的具体应用。因此，同样需要在营销过程中重视市场、产品和营销策略等要素，并注意处理好它们之间的关系，从而最终实现社会效益和经济效益的双赢。在博物馆营销中，博物馆市场就是指博物馆运作期间的总和性的社会及经济关系，主要由市场主体和市场客体构成。市场主体就是博物馆的经营者；市场客体则是指对博物馆有特定消费需求、消费欲望和基本消费能力，并且愿意通过消费交易来满足其消费需求的实际和潜在消费者的总和。博物馆市场的大小主要取决于对博物馆产品有需求或者能够从博物馆获得利益，同时又有能力消费或实现其愿望的消费者的多少。在一定程度上，博物馆市场其实就是博物馆的生命线，博物馆一旦失去了市场，也就失去了其生存和发展的根本。博物馆的产品，则是指博物馆结合自身优势开发的各种文化产品，主要包括博物馆特有的资源、举办的陈列展览、开展的培训讲座、制作的各类出版物和复制品、提供的各项服务等。它是博物馆营销成败的关键因素，如果博物馆没有内容丰富、颇具吸引力的产品，也就意味着它可能会因此失去市场。因此，博物馆营销必须对市场和产品给予高度重视。同时，还必须在对它们充分认识和了解的基础上，采取符合博物馆经营管理特点的包括市场营销策略、产品营销策略和促销策略在内的各种营销策略，才能将博物馆及其产品通过灵活的营销手段推向市场，最终实现不断增强产品竞争力、扩大市场、创造最优效益的目的。

虽然博物馆的性质是非营利的社会文化事业机构，但是这并不意味着它就不能开展经营活动、创造经济效益。随着市场经济的发展和博物馆竞争的日渐激烈，为了维持博物馆的生存和发展，更好地适应现代博物馆的发展和观众的需求，博物馆进行合法适度的营销活动是十分必要的。首先，各国政府对博物馆的投入已经很难满足博物馆提供高质量服务的需要。因此，它们一方面鼓励博物馆开展多种经营，广开渠道吸纳资金；另一方面提倡社会团体和个人对博物馆的捐助，动员社会力量支持博物馆事业的发展。其次，社会公众素质的提高，使他们对博物馆及其产品的要求也不断提高。为了满足观众的要求，博物馆必须投入更多的资金用于设备升级和质量提升，这势必会增加博物馆的运营成本。最后，博物馆要争取更多的观众，就必须充分运用市场经济的有效方法，加大营销力度，以占领更广阔的市场。

博物馆作为非营利的公益性社会文化服务机构，其营销活动必然与一般意义的市场营销有所不同。因为博物馆营销的根本目的是创造良好的社会效益与经济效益，从而更好地实现博物馆的社会职能，推动社会的发展和变革。所以，博物馆营销与一般意义的市场营销相比，更具有注重社会效益、兼顾经济效益、追求社会效益与经济效益协调发展的特点。

博物馆营销所要取得的社会效益，其实就是指博物馆对提高公众素质和推动社会发展作出的贡献，以及社会公众对博物馆及其工作的认可程度。博物馆运营所需的经费主要依靠政府拨款或社会捐助，而提供资助的组织和个人一般不要求获得任何经济回报，而更加重视资助所取得的相关的社会效益。因此，博物馆营销不用承担向投资者、管理者和工作人员分配经济收益的压力，而只需要尽量实现良好的社会效益以作为回报。同时，博物馆从事的是公益性服务活动，其成效很难单纯地用经济效益加以评估，社会效益便成为评价博物馆成败的一个重要指标。因此，博物馆营销必须充分重视创造良好的社会效益。

为了保证博物馆能够正常地运营和发展，更好地适应社会发展和公众需求，充分发挥其社会职能，就必须在重视社会效益的同时，合法适度地创造经济效益。博物馆非营利的性质，决定了博物馆营销不能同一般意义的市场营销一样，将追求经济利益的最大化作为最高目标，而是应当尽可能地结合自身的性质和职能，在政策法律允许的范围内，在有益于社会和公众的大目标下，取得合理的经济效益，以促进自身事业的发展。只要经济效益对社会效益的提高起到和谐、同步甚至促进的作用，其存在就是合理的、积极的，其生命力就是旺盛的。

要保证社会效益和经济效益的协调发展，就要求博物馆在营销过程中，不仅要注意对博物馆产品的营销，而且要重视对博物馆及其工作的营销，加强对博物馆工作的宣传推介，提高公众对博物馆的认知程度。博物馆只有在充分考虑社会需求和公众利益的前提下，树立源于社会、回报社会的观念，不断增强其社会服务意识，制定和实施科学合理的营销策略，才能确保社会效益与经济效益的协调发展。

总之，博物馆营销是一个系统工程，必须在公众的监督下，从社会和公众的实际需求出发，结合博物馆自身的优势和特点，制定切实可行的营销策略，妥善处理营销过程中涉及的各种关系，才能实现最佳的社会效益和经济效益。

二、博物馆营销策略

根据社会需求和观众需要，结合博物馆的实际情况，制定切实可行的营销策略是博物馆营销的重要环节。在博物馆营销过程中，只有通过营销策略的制定和实施，才能将博物馆、产品和市场联系起来，实现博物馆营销的最终目的。在当代博物馆营销中，博物馆的营销策略主要包括以下几个方面。

（一）博物馆的市场营销策略

博物馆市场营销是博物馆营销的重要组成部分，只有制定和实施科学合理的市场营销策略，才能培育健康有序的博物馆市场，并使之不断扩大，从而有效地开展博物馆营销。博物馆的市场营销策略主要是通过博物馆市场细分、目标市场选择及市场定位实现的。其中，准确的博物馆市场细分可以作为博物馆目标市场选择的前提，而博物馆合理的市场定位则必须以市场细分和目标市场为基础。因此，博物馆市场细分、目标市场选择和市场定位共同构筑了博物馆营销市场的有机整体，它们是相辅相成、环环相扣的。

所谓博物馆市场细分，就是指博物馆根据其消费者的需求和特征，将其划分为若干具有相似需求、便于识别、规模较小的消费者群体的分类过程。博物馆市场细分必须以充分的市场调查为基础，因为消费者的需求具有异质性，所以，只有全面系统地开展以消费者需求为主导的市场调查，才能准确地将博物馆市场细分为具有不同特点的子市场。例如，在对博物馆观众进行全面调查的基础上，可以根据观众对博物馆需求的差异，将其参与博物馆活动的动机细分为六大类，即娱乐动机、求知动机、偏好动机、猎奇动机、从众动机和归属动机，并由此将博物馆市场细分为休闲娱乐市场、教育市场、审美市场、旅游市场及资本市场等子市场。通过对博物馆的市场细分，可以辨识和区分不同消费动机与消费需求的博物馆消费群体，从而更加深刻、细致地识别各子市场消费群体的特点和需求，最终确立与博物馆资源条件相适应的目标市场。所以说，准确的博物馆市场细分，不仅有利于掌握博物馆市场的特点，而且可以有效地为目标市场的选择提供依据。

若想成功实现博物馆的市场营销策略，不但要重视博物馆市场细分，了解其不断变化的消费需求和特点，而且要结合博物馆本身的资源及其产品，选择相应的目标市场。因为每个博物馆都具有自身的资源优势和特点，其产品不可能满足所有子市场消费者的需求，因此，必须从博物馆自身的特点出发，以消费者需求为导向，不断增强产品的适应性，推出能够体现自身特色和优势的主打产品。只有这样，博物馆经营者才能在市场细分的基础上，结合博物馆自身的资源条件和产品特色，对细分出来的子市场进行全面评估，最终在众多细分出来的子市场中选择一个或数个子市场作为自己的目标市场，以便在目标市场上发挥自己的优势，达到博物馆营销的最佳效果。

恰当的市场定位也是实现博物馆市场营销策略的重要环节。所谓博物馆市场定位，就是指博物馆在市场细分和选定目标市场的基础上，决定采取何种方式向各目标市场提供产品和服务的过程。恰当的市场定位，不但有利于彰显博物馆的特点，树立良好的社会形象，培养健康有序的博物馆市场，而且可以帮助博物馆取得有利的竞争地位，更好地实现其社会效益和经济效益。博物馆的市场定位必须以市场细分和目标市场选择为依据，通过制订和实施科学合理的市场规划，才能得以实现。市场规划的制订和实施应当从社会需要和消费者的需求出发，结合博物馆及目标市场的特点，遵循开放和主动的原则，采取符合市场经济的促销手段。特别是在制订市场规划的过程中，应当注意对可能影响博物馆营销的各种因素进行充分考虑，尽量使博物馆营销的市场规划具有一定的适应性和应变能力。而在实施市场规划过程中，只有随时关注信息反馈，对实施情况作出阶段性的评估，并及时修正影响规划实施的不利因素，才能实现恰当的博物馆市场定位，为博物馆营销创造健康有序的市场环境。

（二）博物馆的产品营销策略

要想顺利地实施博物馆营销，除了营造良好的市场外，还应当以社会和消费者的需要为导向，不断推出能够满足各细分市场需求，体现博物馆特色和时代特征的产品。这就要求博物馆在营销过程中，必须树立科学的产品意识，在充分了解自己产品的基础上，采取合理的价格策略，才能赢得市场，最终实现预期的社会效益和经济效益。

在现代博物馆营销中，通常将博物馆产品分为三类，即主导产品、辅助产品和服务产品。

博物馆的主导产品是博物馆组织的各种陈列展览。作为博物馆主导产品的陈列展览，因为具有生产与消费的同一性、完整性、无形性、正效性、长效性、非竞争性、垄断性等特点，自然就成为博物馆营销活动的中心，可以说，博物馆所有的营销策略是围绕着它展开的。因此，要实现成功的博物馆营销，就必须重视博物馆的陈列展览，在了解观众需求的基础上，结合自身的资源优势和特点，努力开发新产品（策划组织新的陈列展览），不断提高产品质量（增强陈列展览的吸引力），争取用优质新颖的产品占领市场，吸引更多的观众，从而获得更大的效益。

博物馆的辅助产品主要是指博物馆为配合主导产品的推介、树立自身形象而设计生产的各种物品和举办的相关活动。博物馆设计生产的物品主要包括：与博物馆本身及其藏品相关的书刊、杂志和音像制品；有收藏价值的明信片、照片、图册、纪念图章、纪念币等；珍贵藏品的复制品、拓片等；书画艺术品；其他各种纪念品、礼品等。博物馆举办的相关活动主要包括：组织流动或巡回展览；组织与博物馆藏品相关的辅助性教育活动，如演讲、讲座、实地考察、培训等；组织其他各类宣传教育和休闲娱乐活动，如组织艺术表演、节日庆典等。总之，作为主导产品的辅助线，辅助产品不仅能激发观众的参观兴趣，有效地开拓市场，而且可以通过直接消费或收取活动费用来增加博物馆的收入，还能在发挥博物馆社会职能的同时，培养融洽的公共关系，树立公众形象，取得良好的社会效益和经济效益。

博物馆的服务产品可以分为有形服务产品和无形服务产品。所谓有形服务产品，主要包括博物馆内提供有偿服务的实体，如餐馆、商店、出租场地等；而无形服务产品则渗透于博物馆的各项活动中，如导览、讲解等。博物馆作为公益性社会服务机构，其提供的服务具有多样性。其中，作为商品提供的服务是有偿的，而为了更好地发挥博物馆社会职能所提供的服务则属于无偿的。博物馆通过提供优质周到的服务，不但可以提升博物馆的整体服务水平，为其创造一定的经济效益，而且可以塑造博物馆作为社会服务机构的社会形象，更好地发挥博物馆的社会服务职能，增强博物馆对社会公众的吸引力。

虽然博物馆产品在市场营销过程中属于商品，但是由于博物馆属于非营利的公益性社会文化服务机构，其产品也表现出不同于一般商品的特殊性。首先，一般商品受供求关系的影响，在资源配置上变化较快，而博物馆产品的组织和形成却具有长期性和稳定性。其次，一般商品依照价值规律的基本原则，通过市场进行等价交换。博物馆是公益性事业单位，其产品主要在于推动社会进步和满足公众需求，而不是单纯地追求经济利益。因此，博物馆产品在"交换"中经常是不等价的，其具有一定的公益性。最后，一般商品往往都具有较强的实用性和针对性，而博物馆产品却具有较为普遍的适应性。

博物馆要赢得市场，创造效益，不仅需要对其产品进行全面系统的了解，而且要在此基础上制定和实施科学有效的价格策略，建立公正合理的价格体系。而这一切的实现，必须严格遵守成本定价原则，即以一定时间为单位，将此时间内博物馆正常运营所需的最低费用进行统一计算，作为这一时间内的成本，然后以此为基础确定相应的产品价格。同时，在建立公正合理的博物馆价格体系过程中，除了要遵循成本定价原则外，还必须考虑竞争因素和社会消费水平等诸多要素。

目前，博物馆的价格策略主要体现在博物馆的门票价格和有偿服务价格两个方面。

门票价格的制定由于受到多方面因素的影响，显得比较复杂。往往是各博物馆依据自身的特点和实际情况自行规定，既可以对所有观众采取相同票价，又可以实行分类、分段的票价，还可以按规定实行门票的减免等。总之，门票价格的制定，既要体现博物馆作为非营利社会文化机构的特点，又要充分考虑运营成本、公众消费水平等因素。

一般而言，博物馆的有偿服务都属于额外服务，或因服务项目特殊，或因服务成本过高，如非工作时间的额外讲解、资料复制和出具文物、标本的鉴定书等，所以，使用这些服务的观众就需要支付一定的报酬。而博物馆作为公益性社会服务机构的特点，又使有偿服务的价格变得非常敏感，如果稍有不慎，就可能招致社会舆论和观众的批评。因此，博物馆在提供有偿服务时，必须以做好基本服务为前提，结合有偿服务的性质、服务对象的需求和支付能力等因素，制定公平合理的价格，力争使服务双方都感到满意。

（三）博物馆的促销策略

促销作为博物馆营销过程中必不可少的重要环节，对于实现博物馆效益具有重要作用。有效的促销不仅可以为观众提供丰富且全面的博物馆信息，加深其对博物馆的了解，提高博物馆的知名度，而且可以有效地引导观众参与博物馆活动，迅速地培养和开拓博物馆市场，更好地为博物馆创收和筹款。因此，只有制定和实施科学合理的促销策略，采取灵活多样的促销手段，才能保证博物馆营销取得成功。

目前，博物馆的促销策略主要包括塑造独具特色的博物馆形象、采取灵活多样的促销手段，以及加强对博物馆及其产品的宣传推介。

博物馆在营销过程中，应当从社会需要和观众需求的角度出发，结合自身的资源优势，通过确立适合本馆特点的服务宗旨、设计体现本馆特色的徽标、统一工作人员的着装、推出风格鲜明的博物馆产品等方式，塑造独具特色的博物馆形象。这不仅有利于彰显博物馆特色，培养博物馆文化，提高博物馆的整体服务水平，增强博物馆的内部凝聚力，而且可以给观众留下深刻的印象，传递更丰富的博物馆信息，不断扩大博物馆市场，更广泛地争取社会资助。

采取灵活多样的促销手段，也是博物馆的重要促销策略。世界各国博物馆营销的实践证明，推出优惠套票、赠送礼品、提供附加服务、调整开馆时间、出让冠名权等方式，对于博物馆及其产品而言是相当有效的促销手段。而且，随着社会的不断进步博物馆事业竞争的不断加剧，其促销手段也一定多种多样。但不论博物馆采取何种形式的促销手段，都必须建立在广泛的观众调查的基础上，以适应社会发展和观众需求为目的，才能得以顺利实施。

作为重要的促销策略，对博物馆及其产品的宣传推介，往往可以通过媒体宣传、工作人员推介和观众的口碑效应等形式得以实现。所谓媒体宣传，主要是指通过互联网、电视、报纸、电台、广告及招贴、自制的宣传材料等，对博物馆及其产品进行宣传促销。工作人员推介则是指博物馆工作人员针对博物馆及其产品组织的各类宣传推介活动。这里所说的工作人员，不仅指博物馆的专职工作人员，也包括所有热爱博物馆事业的非专职工作人员。事实证明，这些关心博物馆事业的社会力量对博物馆及其产品的宣传推介所起的作用，有时甚至超过了专职的博物馆工作人员。无论是媒体宣传，还是工作人员的推介，在对博物馆及其产品的宣传推介过程中，都应当力争做到目的明确、内容精准、信息翔实，只有这样才能产生良好的宣传效果。而观众的口碑效应其实就是通过博物馆观众对博物馆及其产品进行宣传推介。对于博物馆而言，口碑效应是以观众对博物馆及其产品的满意感为基础的。因此，要想通过口碑效应创造良好的宣传效果，就必须提高博物馆的整体服务水平，增强观众对博物馆及其产品的满意度。

三、我国博物馆营销中的开源节流

在我国，除个别的私立博物馆外，绝大多数博物馆属于公益性文化事业单位。所以，我国绝大多数博物馆日常运营所需的经费主要依靠政府全额或差额拨给。但近年来，随着市场经济的不断发展和博物馆数量的不断增加，博物馆运营所需的经费也在同步增长。无论是藏品的收购、维护、保险，还是布置陈列展览、开展学术研究、更新维护设备，都需要极大的经费投入。因此，政府的投入便越来越无法满足现代博物馆生存和发展的需要，我国许多博物馆也同世界其他国家的博物馆一样，陷入了经费严重不足的困境。

经费不足势必会影响博物馆陈列展览的质量和其他活动的顺利开展，进而导致观众人数的下降，从而形成恶性循环，最终使博物馆丧失生命力。在这种形势下，在坚持把社会效益放在首位的同时，改革经营管理，积极推行博物馆营销，利用多种渠道增加经济收益，控制成本，已成为我国博物馆谋求自身生存和发展的有效途径。

另外，博物馆要从根本上解决经费不足的问题，就必须注意开源与节流并举。所谓开源，就是要求博物馆通过各种途径增加经济收入，最大限度地吸纳运营资金；所谓节流，则是要求博物馆尽可能地将其日常运营的成本降到最低。只有开源与节流并举，才能在创造经济效益的同时降低运营成本，使博物馆在维持日常运作的情况下得以不断发展。

我国博物馆为了达到开源的目的，在学习和借鉴国外博物馆先进经验的基础上，结合我国的国情和自身的实际情况，逐步建立了政府拨款与本馆自筹相结合的经费筹措机制。其中，博物馆自筹的运营经费主要是通过创收和筹款来实现的。

创收就是博物馆充分利用自身的资源优势，采取各种营销策略，为维持博物馆的生存和发展创造必需的经济收益。目前，我国博物馆创收的主要途径包括门票收入、餐饮娱乐收入、零售业务、场地出租、出版业务等。

门票收入是博物馆最为传统、最为有效的创收方式。门票收入的高低主要取决于观众数量的多少，因此，要提高博物馆的门票收入，就必须不断提高以陈列展览为主的博物馆产品质量，推出符合时代特点和观众需要的新产品，努力吸引更多的观众。同时，还可以通过举办巡回展览、制定适宜的门票价格、适时调整开馆时间等方式，不断满足各类观众的需求，以达到增加门票收入的目的。

博物馆经营餐厅、饮吧和招待所等餐饮娱乐设施，不仅可以适应博物馆社会职能多元化的发展需要，提高博物馆的服务水平，更好地满足观众的各种需求，而且可以使之成为博物馆创收的有效手段。我国许多大型博物馆，如上海博物馆、首都博物馆等，都设有配套的餐厅、咖啡厅、数字放映厅等餐饮娱乐设施。它们往往能够很好地利用博物馆的休闲环境，体现博物馆特有的文化底蕴，形成有别于一般餐饮娱乐场所的独特风格，从而大量地吸引博物馆观众，甚至社会公众前来消费，最终创造良好的经济效益。

当代博物馆为了加强对自身及其活动的宣传，创造更多的收益，往往都设有固定的商店。同时，伴随着临时展览的举办，还会开设临时商店。这些博物馆商店出售的商品一般是为博物馆专门设计、制作的，其设计优美，制作精良，不仅包括博物馆藏品的复制品、图片、画册、礼品、纪念品和音像制品等，而且包括大量受博物馆藏品启发而设计的生活用品等。

博物馆的场地出租也是现代博物馆创收的重要途径。博物馆可供出租的场地主要包括博物馆内部的中小型展厅、临时展厅、多功能会议厅及博物馆附属的广场、停车场等。根据这些场地的特点，既可以组织书画展、展销会，举行重要的节日庆典活动及各类集会，又可以举办招待会、研讨会、培训班等。博物馆通过场地出租，不仅可以有效地创造经济效益，而且可以聚集博物馆的人气，增强对潜在观众的吸引力，在无形中起到对外宣传的作用。此外，在博物馆出租场地的同时，还可以利用其特有的资源优势，提供相关的配套服务，如设计娱乐项目、制作特殊的灯光和音响效果等，以创造更多的收益。

博物馆还可以充分利用自己的资源优势，采取与电视台、出版社等机构合作的方式，出版发行与博物馆及其藏品相关的各类音像制品、图书，通过出版业务来实现创收。近年来，随着文化产品的市场化和产业化发展，许多电视作品和出版物都需要利用博物馆的藏品或者建筑，博物馆可以在保证藏品安全的条件下，提供其所需的资料和相关服务，并收取一定的费用。这样，不但可以使博物馆有所收益，而且可以更好地实现博物馆的宣传推介。

筹款则是指博物馆通过各种渠道，向各类机构、社团和个人争取财物，以确保博物馆的正常运营和不断发展。我国博物馆筹款主要是通过募捐和建立会员制度等手段实现的。

募捐在许多西方国家是博物馆自筹资金的主要途径。但我国博物馆缺乏募捐传统，仅依靠募捐获取的活动经费相对较少。在这种情况下，为了保证博物馆的正常运营和发展，以及更好地适应市场经济的发展，发挥其社会职能，我国博物馆也已经迅速转变观念，积极地开辟多种渠道，争取海内外人士的资助与捐赠。目前，许多博物馆设立了专门的筹款部门，负责募集社会各界的捐助。募捐所得不仅包括各类款项，而且包括物资设备。博物馆通过募捐，可以有效解决阻碍其发展的经费问题，进一步提高对公众的服务质量；而捐助机构或个人则可以通过这种公益活动，回馈社会，提高其知名度，树立良好的社会形象。因此，募捐正在逐步成为我国博物馆筹款的重要途径之一。

博物馆的会员制度，不仅能够密切博物馆与社会公众的联系，扩大博物馆的影响，而且能够有效地为博物馆筹款。因此，我国许多博物馆开始积极借鉴国外博物馆的先进经验，建立适合我国特点和博物馆实际情况的博物馆会员制度。同时，还设有家庭会员、荣誉会员和团体会员。作为博物馆会员，只要定期交纳一定的会员费，便可以享受博物馆提供的诸多优惠，如免费参观陈列展览、免费获得资料和赠品、优先参加博物馆组织的考察活动等。一般而言，会员费的总收入都要超过给会员提供的优待。博物馆通过实行会员制度，不仅可以筹集会员费作为活动经费，而且可以通过组织会员参加博物馆的各项活动，不断加强会员与博物馆的联系，特别是贵宾会员和团体会员，甚至可以将他们发展成资助博物馆的主要对象。

我国博物馆为了缓解经费不足对其造成的压力，在想方设法进行创收和筹款的同时，也非常重视降低运营成本。减员增效和有效利用社会力量便是博物馆降低成本的重要途径。

减员增效是博物馆降低运营成本的主要途径。由于种种原因，我国博物馆长期以来一直存在人浮于事、效率低下的问题，这使博物馆的大部分或者全部收入主要用于人员支出，而无法投入博物馆的持续发展和建设。因此，我国博物馆开展减员增效就显得尤为重要。特别是在市场经济条件下，博物馆只有裁减不必要的工作人员，不断提高工作效率，才能有效地降低成本，在激烈的竞争中得以生存和发展。

　　博物馆通过组织博物馆之友和招募义工等手段，充分吸引社会力量参与博物馆的日常工作，也是降低其运营成本的有效途径。目前，我国不少博物馆，如上海博物馆、广东省博物馆和湖北省博物馆等，都已将关心和热爱博物馆事业的社会人士组织起来，建立了自己的"博物馆之友"和志愿者队伍。此举不但可以增强博物馆与社会公众的沟通和交流，为其争取更广泛的社会支持，而且可以利用他们提供的服务，有效地减少博物馆的日常支出，达到降低运营成本的目的。

　　总之，在社会主义市场经济条件下，我国博物馆只有转变观念，积极开展博物馆营销，努力发展相关文化产业，多渠道筹措资金，尽可能地降低运营成本，提高工作效率，建立完善的社会参与机制，才能最大限度地创造博物馆的社会效益和经济效益，实现博物馆事业的可持续发展。

第三章

博物馆的变迁

从博物馆现象的萌发到近代博物馆的正式诞生，再到现代博物馆成为重要的社会文化教育机构，博物馆的发展同其他事物一样，经历了从无到有、从不成熟到逐渐走向成熟的过程。这个漫长而又曲折的过程就是博物馆自身形成和发展的历史。

了解博物馆的历史，追寻博物馆的变迁过程，对于世界各国的博物馆而言，都具有非常重要的历史和现实意义。其历史意义主要体现在有利于正确把握和理解博物馆发展过程中的重要史实，有助于厘清并构建博物馆发展的历史脉络；而其现实意义则主要体现为有利于人们对博物馆的性质、功用及其与社会关系的发展规律做出总结，进而为现代博物馆建设提供借鉴和指导，为未来博物馆的发展做出科学的分析和预测。

第一节 国外博物馆的发展演进

一、古代世界普遍的收藏现象

博物馆起源于人类对遗产的收藏、保护与利用实践。这种实践可上溯到遥远的古代。在古代，世界各地不同文化的人们，基于宗教、经济、审美等动机和目的，搜集、保存他们认为重要的物品，并建立了具有与后来博物馆类似功能的收藏、展示和保存设施。

（一）亚洲地区

古代亚洲就有过多种博物馆性质的收藏与保存设施。古代日本就曾出现实物收藏与展示设施，如图书寮、寺院的佛殿、传统神社附设的珍宝阁、"绘马殿"或"绘马堂"，镰仓时代以来武士的私人展览设施等。在公元前3世纪之前，印度神庙、皇宫中就出现了用于保存绘画、雕塑和陶器的房间，它们被认为是类博物馆机构。在西亚，也有一些类博物馆性质的收藏，年代最早者如新巴比伦王国国王尼布甲尼撒二世的收藏等。

（二）非洲地区

在非洲，实物收藏也有悠久的历史。公元前3世纪，在埃及亚历山大建立的、古典世界中最负盛名的亚历山大里亚博学园中，就附设有缪斯神庙，里面保存有不少实物收藏品。该机构通常被认为是博物馆的源头。在古罗马时期，非洲一些神庙中也保存有实物。此外，一些圣所和宫殿里面也有相当规模的文化方面的实物收藏品。它们是具有非洲自身文化特色的传统保存机构。

（三）欧洲地区

在欧洲，早在古希腊、古罗马时期的神庙、学园、私人宅第中就出现了艺术品、自然珍奇和外域之物等收藏。其中，神庙类收藏向旅行者等开放，蕴含了最初的公共精神。进入中世纪之后，古老的收藏传统主要通过世俗王室和教会的收藏得以延续。世俗王室的收藏除圣物、来自远方的珍奇之外，更多是与王权有关的实物或珍宝，经济重要性突出。而教会收藏占据主导地位，内容多是与宗教有关的，如圣母、基督、教皇、圣徒和传道者的遗物、圣像、法器（包括传说中的宗教遗物）、图解手稿、宗教服冠、写本等，另有珍奇之物以及不少年代久远的带装饰的手稿和艺术品。从这一意义上讲，教会收藏使得欧洲的公共收藏传统得以延续，同时，也保存了一大批有价值的实物，其中不少收藏品进入欧洲后来的公共博物馆。

（四）美洲地区

在欧洲人到达美洲之前，美洲原住民就已开始了他们在遗产保护和利用方面的实践，并出现了与其生存环境相适应的多种文化组织和不同类型的收藏系统。在那里，收藏对象不仅有非实用品，还包括有用的活体生物收藏。

可以说，在古代世界不同文化当中，均存在着遗产收藏与保护实践，尽管其中也存在着不少差异。收集和展示有价值的物品是一种普遍性的人类活动，不限于任何阶层或文化群体，更不专属于某个特定的社会，或某个特定的地区如欧洲，乃是一种跨文化的普遍现象。

二、欧洲文艺复兴时期的收藏实践

文艺复兴时期，受文艺复兴运动多种因素的影响，欧洲收藏呈现出不同于以往的新的面貌。当时，收藏活动极为活跃。在欧洲各地，均出现了值得一提的收藏。其中，既有机构性收藏，也有私家收藏，尤其以私家收藏最为发达，著名的如意大利的美第奇家族、尼科利、乔瓦、阿尔德罗万迪、凯塞拉雷、伊普雷塔、塞塔拉、科斯皮等的收藏，西班牙的国王腓力四世、著名学者拉斯塔努萨的收藏，英国国王查理一世、特拉德斯坎特父子的收藏，法国国王弗兰西斯一世、路易十四、著名学者佩雷斯克的收藏，荷兰的拉斯奇、塞巴、帕卢达那斯的收藏，丹麦国王腓特烈三世、著名学者沃姆的收藏，中欧地区的阿尔布雷奇五世公爵、神圣罗马帝国皇帝鲁道夫二世和斐迪南二世的收藏以及瑞士的阿莫贝奇家族的收藏等。在东欧，沙皇伊凡四世也有自己的收藏。这些收藏大多是世俗收藏，内容从最初的古物逐步扩展到自然物品与人工制品兼而有之，以珍奇之物最为惹眼，因内容多样，故常有"百科性质"收藏之称。当时，也有一些收藏呈现出较高的专门化程度。因收藏主体与目的的不同，这些收藏呈现出夸耀、象征、身份提升、研究、教学等多样化的功用。不少收藏是允许人们观赏和利用的。利用者多是旅行者、外交人员、王公贵族、学者和学生等。观赏和利用大多是偶然现象，而非常态化。保存这些收藏的地方通常被称为"珍奇室""美术馆"等。

中世纪延续下来的教堂、修道院的收藏也是文艺复兴时期收藏的另一重要组成部分。这类收藏过去常常因为当时世俗私家收藏的突出地位而被人们忽略。实际上，它们是文艺复兴时期收藏实践的完整图景中不可缺少的一部分。

文艺复兴时期的收藏实践孕育和生成了诸多博物馆因素，如开放、展示等，而且，部分收藏后来进入一些早期公共博物馆，为其奠定了一定的藏品基础。欧洲文艺复兴时期因此成为现代博物馆酝酿和生成的重要时期。

三、早期的公共博物馆

得益于文艺复兴时期的欧洲收藏实践丰富的历史遗产，同时也受到宗教改革、启蒙运动、资产阶级革命以及资本主义经济发展的影响，从17世纪后期开始，在欧洲、美洲等地先后出现了早期的公共博物馆。

（一）欧洲地区

在欧洲，早期公共博物馆当中年代较早、影响较大的机构是1683年正式对外开放的牛津大学阿什莫尔博物馆。其后出现的大英博物馆、早期的卢浮宫博物馆、乌菲兹博物馆和贝尔维迪尔宫博物馆、马德里的普拉多博物馆、德国的腓特烈堡博物馆和慕尼黑雕塑博物馆等也都是比较有代表性的博物馆。这些早期公共博物馆的出现大多与已有的收藏紧密联系在一起。阿什莫尔博物馆是以英国收藏家特拉德斯坎特父子的收藏为基础，融合了英国贵族阿什莫尔的部分收藏而建立的。不过，在开放之后的很长一段时间里，该馆主要是作为一个研究机构存在。卢浮宫博物馆是以法国皇家收藏为核心建立起来的，该馆将先前作为部分人把玩的收藏变成了公民共有的财产。博物馆成为展现和传播国家威仪的一种政治工具，标志着博物馆历史上的一个重大转变。

在东欧地区，俄罗斯在18世纪出现了公共博物馆，1719年建立了第一座开放性博物馆。18世纪下半叶到19世纪，在伊尔库茨克等地出现了首批地方博物馆及一些专门博物馆。其间，最有影响的是在1764年建立的艾尔米塔什博物馆。

（二）北美地区

18世纪后期的北美洲地区，在民间力量推动下，也开始出现了一些公共博物馆。1773年，北美南卡罗来纳州查尔斯顿图书馆学会在查尔斯顿城创建了查尔斯顿博物馆，美国独立后，它被公认为美国第一座博物馆。它在一定程度上揭示了美国博物馆创设的基本模式。1786年，由美国博物馆大师皮尔在费城创建的皮尔博物馆则是以私人力量创建的最具有影响力的博物馆，曾一度成为费城甚至是美国东部最有吸引力的设施之一，被认为是美国民主博物馆的原型，第一座受到普遍欢迎的自然科学和艺术博物馆。

（三）其他地区

伴随着18世纪后期殖民势力的扩张，公共博物馆在欧洲和北美之外的地区落地生根，而且大多是与一些民间团体联系在一起。亚洲等地也陆续出现了一些公共博物馆。1814年，英国皇家亚洲学会在印度加尔各答建立了印度博物馆。这是一座完全模仿西方模式的博物馆，被看作印度的第一座公共博物馆。1778年，在印度尼西亚的雅加达，皇家巴达维亚艺术与科学学会建立了印度尼西亚国家博物馆。该馆被认为是亚洲最古老的博物馆之一。18世纪后期，在拉美地区，也出现少数几座博物馆。

总之，早期公共博物馆最先出现于17世纪的欧洲，到18世纪后期形成了群体性存在，并波及更广大区域。这些早期公共博物馆以收藏品常态开放为特征，博物馆也因此开始了自身的社会化进程。伴随着这种制度性的开放，博物馆获得了一定的公共性，成为一个公共机构。不过，在开放实践中，仍存在着目标定位与实际运营之间的背离，开放承诺很多时候会因实际运行中的种种参观限制而被搁置。同时，开放也给博物馆的藏品管理、建筑设计和展示等带来了巨大变化。这些公共博物馆收藏内容的专门化程度得到提升，出现了古物馆、绘画馆等设施。博物馆的研究、教育、表征等功能呈现出来。

美洲及其他地区早期公共博物馆的兴起是西欧型博物馆观念和机构形式的第一次大规模的输出，由此，拉开了西欧型博物馆在世界范围传播的序幕，世界博物馆版图因此在很大程度上被改变。

四、现代博物馆的兴起与发展

（一）现代博物馆的兴起

进入19世纪，受到科学发展、工业革命、国际博览会等诸多因素的影响，现代博物馆在世界范围内普遍兴起。

1.欧洲地区

在西欧、北欧等地区，出现了以哥本哈根的丹麦国立博物馆、伦敦的南肯辛顿博物馆（今天的维多利亚和阿尔伯特博物馆）、巴黎的民族志博物馆、斯德哥尔摩的斯堪森博物馆等为代表的现代博物馆。这些博物馆通常以现代科学知识为基础，在观念、方法、技术等方面较此前的博物馆发生了很大的变化。斯堪森博物馆，通过移建的方式将文化遗产与其生成环境部分地结合在一起，实现了博物馆理念和技术的一次革命性突破，同时也为第二次世界大战后生态博物馆的诞生带来了灵感，提供了发展的空间。

在东欧地区，到19世纪中期，现代博物馆也形成一定规模，并呈现出网状特征，农业博物馆、科技馆等陆续建立起来。专门博物馆得到进一步发展。在1860年开始的俄国教育改革推动之下，一种新型的博物馆——教学博物馆出现了。1864年在圣彼得堡，一座面向军事学校的教学博物馆开放，这是俄国第一座教学博物馆。到十月革命前，俄国已经有150余座博物馆，但分布极不平衡，绝大多数博物馆集中在今俄罗斯境内。除了莫斯科、圣彼得堡、基辅、符拉迪沃斯托克等大城市之外，一般都市都没有博物馆。因不少博物馆藏品归属私人，开放程度受限，博物馆的社会影响比较小。在匈牙利，与资本主义发展较晚相适应，博物馆起步较晚；1867—1895年，建立了15座新博物馆。1896—1905年，又建立13座新博物馆。1890年前后，在当时还隶属于奥匈帝国一部分的捷克土地上，博物馆的创建作为捷克民族主义和捷克自立的一种表达，出现了第一次高潮。

2.北美地区

进入19世纪中期，美国博物馆迎来了一个重要的发展与变革时期。当时，新馆数量迅速增加。与更早时期博物馆偏重自然方面的藏品不同，美国的历史与艺术类博物馆快速发展起来。其中，哈斯布鲁克故居博物馆（1850）的建立，开创了故居类博物馆的先河。一些重要的艺术博物馆如波士顿美术馆、纽约大都会艺术博物馆等也在这一时期纷纷成立。博物馆向公众敞开了它的大门，其教育的性质和责任更加凸显。也是在这一时期，博物馆推出的教育展览和与学校的合作标志着"公共服务"的出现，终结了其以往的"俱乐部"性质的活动。导引员等新的职位和制度也建立起来。美国博物馆亦为博物馆新思想、新观念的重要发源地。19世纪中后期是美国博物馆发展的黄金时期，美国博物馆的国际地位在这一时期快速提升。美国博物馆的崛起使先前以欧洲为主导的世界博物馆格局开始发生变化。

在北美地区的另一个重要国家加拿大，1836年魁北克政府在收购私人收藏的基础上建立了加拿大的第一座公共博物馆；1843年，在蒙特利尔又建立了国家博物馆。

3.其他地区

随着殖民势力的扩张，现代博物馆观念逐步传播到欧洲、北美以外的地区。

19世纪中后期到20世纪初,现代博物馆也开始在这些地区兴起。在亚洲的印度、日本、印度尼西亚等国家,陆续出现了一些现代博物馆。在印度,除了1814年建立的印度博物馆之外,又建立了一些自然、经济方面的专门性博物馆,它们反映了英国的博物馆建设理念。日本现代博物馆观念的传播和实践是在19世纪中后期日本的近代化过程中开始的,当时派往欧洲和北美的使团将博物馆理念引入日本,并付诸实践,博物馆建设得到重视并发展。早期比较重要的博物馆包括汤岛圣堂古物陈列所(后来国立中央博物馆的前身)等,且多为综合性博物馆。稍晚时期,专门性博物馆如教育博物馆等得到较快发展。博物馆建设逐步由中央扩及地方,到1911年日本建立了85个博物馆。同一时期,在印度尼西亚、巴基斯坦、泰国、斯里兰卡、马来西亚等其他亚洲国家,也出现了一些现代博物馆。

在非洲,现代博物馆的兴起是英、法等殖民势力入侵的结果。在这一地区,现代博物馆是从南、北两端首先发展起来的。1825年在非洲大陆的南部,南非动物学之父史密斯(Andrew Smith)以自己的动物学收藏为基础在开普敦建立了非洲第一座现代博物馆。1858年埃及博物馆在开罗成立。19世纪80年代以后,北非的阿尔及利亚、突尼斯也建立了博物馆。到19世纪末20世纪初,非洲东南部地区的马达加斯加的塔那那利佛(1897)、津巴布韦的布拉宽约(1901)和哈拉雷(1902)、肯尼亚的内罗毕(1909)等地,也有了各自的博物馆。中非等地博物馆的建立则是20世纪早期的事情,如乌干达博物馆(1901)、肯尼亚的国家博物馆(1909)等,而莫桑比克第一座博物馆的建立则晚至1913年。

在南美地区,现代博物馆是随着葡萄牙等国殖民势力的扩张而发展起来的。19世纪早期,西欧型博物馆就被引入巴西。1815年,一个以私人绘画精品收藏为基础建立起来的博物馆在里约热内卢对公众开放。该馆也是巴西第一个有记载的博物馆。此后,哥伦比亚的国家博物馆(1824)、智利圣地亚哥的国家自然史博物馆(1830)、乌拉圭蒙得维的亚的国家自然史博物馆(1837)、巴西国家博物馆(1918)等也相继建立。19世纪后半期,地方博物馆、专门性博物馆得到较快发展,像秘鲁利马的地质学博物馆(1891)、巴西圣保罗的地理学和地质学博物馆(1895)、阿根廷的航海博物馆(1892)、解放者西蒙·玻利瓦尔的纪念馆等也建立起来。

总之,进入19世纪特别是中后期,世界各地的现代博物馆普遍兴起。在欧美地区,博物馆呈现出群体性特征(也包括博物馆的集群化发展,如德国的博物馆之岛和美国的史密森学会博物馆群等），且博物馆专门化趋势凸显。现代博物馆成为现代国家的重要教育机构，同时也成为聚敛大量来自全球各殖民地遗产的藏宝库。其他地区现代博物馆的出现通常是西方殖民势力扩张的产物，这些博物馆被殖民者用作阐释殖民地文化的中心，作为他们宣传殖民统治正当性的手段，带有鲜明的宗主国博物馆的色彩。

（二）现代博物馆的发展

进入20世纪特别是第一次世界大战之后，现代博物馆开始步入了一个发展时期。1926年国际博物馆事务局的成立使这种发展超越地域而具有了国际意义。

1.欧洲地区

第一次世界大战结束后，爱国主义情绪在欧洲各国蔓延，博物馆因其在教育中的特殊地位而受到各国政府的高度重视，各主要国家的博物馆都获得了不同程度的发展，出现了一系列新的变化。

受战争和工业化的影响，一些新的博物馆类型得到较快的发展。在20世纪20年代以后，欧洲各国普遍成立军事博物馆。在荷兰的阿拉海姆、英国的卡迪夫出现了露天博物馆。博物馆的理念与方法出现重大变化。法国的发现宫和大众艺术与传统习俗博物馆在方法上获得了较大的突破。比如，法国的发现宫回避了作为相关学科研究基础的"文物"或标本，而将纯科学如物理、化学等引入博物馆，引发了博物馆观念和方法上的一次巨大的变革，并因此而成为博物馆史上有影响力的博物馆之一。在德国，第一次世界大战后，大量的地方博物馆建立起来，宣传当地的历史和重要人物。1925年对外开放的德意志博物馆以与科学和技术有关的实物为主要藏品，因鼓励参与性体验引领了当时博物馆展示和对外服务的潮流，获得国际声誉。在北欧的瑞典，一种试图将国家与地方博物馆相结合的新博物馆管理模式被开发出来，其理念就是分散国家对史前纪念物和历史建筑的责任，将其与适当建筑中的地方收藏的专业保管联系起来，即鼓励地方将建筑与收藏一并负责，减轻国家压力，国家将提供资金支持。这种将国家利益与地方创新结合在一起的管理模式，在当时格外引人注目。

在东欧地区，最具有影响力的进展是苏联社会主义博物馆的崛起。1917年，俄国十月革命后建立了苏维埃政权，1922年建立了苏联。新兴政权采取了一系列措施（如建立相应的管理机构、召开相关会议及颁布相关法令等）推动博物馆事业的发展。苏联在建设"全民享用的博物馆，使之成为教育源泉的博物馆"的方针下，在改善旧有博物馆的同时，陆续建立了革命历史类博物馆等一批新型博物馆。地方博物馆也得到了比较快的发展。到1941年，苏联博物馆数量已增加到991座。

在苏联，博物馆被认为是文化机构之一，人民共享的场所。它突出了为人民所用、为千百万劳动群众服务的宗旨。马克思列宁主义成为博物馆活动（陈列、教育等）的思想基础，使博物馆有了一个全新的前进方向。博物馆的意识形态功能变得更重要，博物馆的工具性特征得到强化。正是这些特征使得苏联博物馆显示出与以往博物馆的极大不同，创造出一个新的博物馆系统，也使得苏联成为全世界建立新型博物馆的第一个国家。苏联社会主义博物馆的崛起，所带来的博物馆定位和方法的变革，不仅影响包括中国在内的社会主义国家博物馆事业的发展，而且在很大程度上改变了欧洲乃至世界博物馆格局。

在苏联之外的其他东欧国家，像匈牙利、捷克斯洛伐克等国的博物馆也有一定的发展。如在匈牙利，1935年，博物馆总数一度达到46座。

2.北美地区

进入20世纪，美国政府税收等相关政策的调整、第一次世界大战后经济实力的增强、职业化进程的推进，为博物馆发展提供了一个相对宽松的环境。第一次世界大战之后，美国博物馆获得了快速发展，博物馆数量和参观人数都有了较大的增长。据统计，到1939年，全美博物馆数已经从1914年的600座增加到2500座；观众数量也在增长，到1944年博物馆观众已经达到5000万人次。这一时期建立的纽约现代艺术博物馆（1929）、惠特尼美国艺术博物馆（1930）和古根海姆博物馆（1939）奠定了纽约成为当今世界重要艺术中心的地位。芝加哥科学与工业博物馆（1933）则成为当时科学技术领域的领跑者。也是在这一时期，美国启动了大型保护项目，其中最有影响力的就是殖民时期的威廉斯堡恢复与重建保护项目。该项目的成功实施标志着美国历史故居博物馆建设热潮达到一个阶段性的顶点。1925年，美国博物馆协会颁布了职业道德条例，这是博物馆行业自我规范管理的一个主要标志。对美国的博物馆事业来说，两次世界大战之间20多年是博物馆一个快速扩张的时期，现代博物馆的框架得以建立。

3.其他地区

20世纪二三十年代，日本博物馆事业得到较快发展。到1938年，日本出现了一个博物馆建设高潮，仅这一年日本就建成了320座博物馆。从20世纪30年代后半期开始，日本博物馆发展还出现了一个重要的变化，就是建设方向从以欧美博物馆活动为样板、以大城市中型单科博物馆为中心，转变成基于日本精神、以乡土博物馆为中心。随之，掀起了乡土博物馆建设风潮。乡土博物馆的兴起是博物馆学寻求本土化的一种尝试，也是对欧洲博物馆模式的一种变革。进入20世纪之后，印度博物馆数量增长很快。到1936年，印度已有105座博物馆，它们绝大多数是由政府建立的。在新建馆中，考古遗址类博物馆发展迅速。在萨尔纳特等一些重要的考古遗址，纷纷建立了博物馆。20世纪30年代，印度尼西亚地方博物馆建设迎来一个突进。位于万隆的地质学博物馆是这一时期重要的博物馆之一。到第二次世界大战结束，印度尼西亚拥有约24座博物馆。

在非洲，更多的博物馆是在20世纪之后建立起来的，且依然处在殖民势力的控制之下。1936年，法国在非洲西部的象牙海岸（今科特迪瓦）建立了阿比让国家博物馆（1944）等一批博物馆。但是，与英国殖民者在非洲创建的博物馆相比，法国创建的博物馆数量要少得多。到1940年，英国殖民者仅在南非就建有31座博物馆。这些殖民势力对博物馆的控制一直持续到非洲独立之前。与19世纪不同，这一时期的博物馆内容有所变化。在摩洛哥，以古建筑为依托的一些民族和考古方面的博物馆（像非斯的巴塔宫和拉巴特的乌达亚斯宫的博物馆等）陆续建立起来，使博物馆的建立与文化遗产、古迹保护紧密地联系在一起。

在南美地区，在20世纪20年代以后，巴西社会政治结构发生了深刻而巨大的变化，国家文化概念发展起来，国立科学博物馆（1922）、国立历史博物馆（1922）等随之建立。到了20世纪30年代，受益于政府文化财产的保护政策，巴西又建立了国立美术馆（1937）、帝国博物馆（1940）等一系列国家博物馆。其中多数被安置在具有历史价值的建筑中。这些博物馆连同先前的博物馆一起，服务于遗产保护。

总之，在经过了兴起和初步发展之后，现代博物馆基本成形，博物馆作为一个面向普通公众的实物机构的形象确立起来。博物馆反映的主题内容是艺术、历史和自然科学等，它们发挥着收藏、科研、教育等多种功用。不同区域博物馆的特点逐步形成，以苏联博物馆为代表的社会主义特征、以欧洲博物馆为代表的强调保护传统特征和以美洲博物馆为代表的突出教育的特征逐步显现出来，它们在目标设定、运作方式等方面也显示出各自的一些特点。这一时期欧美地区博物馆出现诸多创新性的发展，而其他地区现代博物馆的发展使博物馆逐步成为一种世界性文化现象。

第二节　我国博物馆的发展简史

与世界其他古老文明一样，我国收藏、保护和利用珍贵遗产的实践历史悠久，并形成了良好的传统。而博物馆则是近代以来从西方逐步引进的，在中国经历了一个不同寻常的发展历程。

一、中国古代的收藏实践

作为一个文明古国，我国对珍贵遗产的收藏、保护和利用的实践由来已久。出于崇拜与祭祀祖先、崇尚古物、储存财富、炫耀富贵、商品交换等不同的动机和目的，至晚在商周时期，就开始了对珍贵遗产的收藏、保护和利用的实践活动，并建立了相应的保存设施，如殷人保藏典册的府库等。在此后的数千年间，这种实践赓续不断，并出现了多种形式的保存设施，如古代纪念性祠堂、画像陈列馆、宫室、朝庙、武库、园囿等，其中著名的如周代的天府、玉府，春秋时期的孔子庙堂，秦汉时期的上林苑、麒麟阁、武库，唐代的凌烟阁，宋代的稽古、博古、尚古三阁，明清时期的功臣庙、南薰殿、万牲园、武英殿等。这些设施或保存文物宝器类，或保存自然标本，但后者似远不及文物宝器收藏发达。这一现象可能与古人对于两类收藏对象功用的认识有关，而这种认识影响深远，甚至影响后来我国现代博物馆的类型结构。在这种实践中逐步形成了官方和民间两个大的系统，并一直延续至近代。

中国古代遗产的收藏、保护和利用实践并未直接生成现代意义上的"博物馆"，但其中蕴含了一些博物馆性质的因素，如收藏、保护和利用珍贵遗产的意识、最初的公共性。在很多时候，这些收藏实践贯穿了娱乐的功能，有些可能还孕育了教育观念。而且，在长期的收藏、保护和利用的实践中，我国较早地发展起较为完备的收藏的管理、著录制度、保护方法与技术。当现代博物馆在我国兴起之后，这些制度、方法和技术也融入了中国现代博物馆的运营之中，成为中国现代博物馆发展的有特色的重要支撑之一。

中国古代遗产的收藏、保护和利用实践及相关设施的发展，逐步形成了有别于西方文化的、具有自身特色的遗产保存和记忆系统，从而丰富了人类收藏、保护和利用遗产的手段、方式和方法，其在人类遗产的收藏、保护和利用方面的历史贡献、价值和地位有待进一步挖掘和探索。

二、现代博物馆在中国的出现

现代博物馆在中国的出现并非中国古代相关实践自然发展的产物，而是从西方引进的。对于现代博物馆，中国人经历了一个从最初接触、体认到创建的过程。

（一）中国人在国外看到了现代博物馆

鸦片战争之后，清王朝被迫打开国门，中国开始逐步沦为半殖民地半封建社会。为了救亡图存，在"师夷长技以制夷"思想的影响之下，包括政府官员、学者、留学生、维新派成员等在内的中国人，开始走出国门，走向世界。他们在国外接触到包括大英博物馆、卢浮宫博物馆、日本帝室博览馆等著名博物馆在内的不同类型的博物馆，并以笔记、日记、游记等方式，将所见记录下来，介绍给国人。这些记录成为现代博物馆观念引入中国的重要途径。

中国人对于博物馆的认识是逐步深入的。最初，对于西方现代博物馆，中国人更多地表现出一种新奇，观察到其形式上的多样化，并简单地将其类比于中国传统观念的"园""苑""库""馆""楼""阁"等。随着时间的推移和相关知识的不断积累，国人对于博物馆日渐形成了更接近其本质的认识，看到了多种不同形式下的共同性。对于这种新生事物，国人表现出不同的态度。一些人对西方博物馆展出内容看不惯或不理解，从而表现出一种谨慎的态度，但更多人则看到了博物馆机制之利，如"开风气""广识见""益智巧""佐读书之不逮""有益于民生"等，进而开始鼓吹建立博物馆。

对西方现代博物馆的接触和体认，对后来的中国博物馆建设实践起到了借鉴作用。

（二）外国人在中国的早期博物馆实践

随着西方殖民势力的入侵，一些外国人出于多种目的开始了他们在中国的博物馆实践。现代博物馆陆续在中国建立起来。其中年代较早且较有影响的机构包括，1868年法国人韩德在上海建立的徐家汇博物院、1874年亚洲文会中国支会创建的上海博物院等。这些博物馆大多为综合性博物馆，在将现代博物馆实体引进中国，传播博物馆观念的同时，也借机对中国进行文化渗透。一些博物馆还充当了珍贵遗产掠夺者的不光彩角色。外国人在中国的早期博物馆实践刺痛了中国人，激发了中国人自行建设博物馆的决心。

（三）中国人最初的博物馆实践

随着国人对于西方现代博物馆认识的不断加深，从19世纪中后期开始，一些有识之士就开始筹划创建博物馆。其中，最为成功、最具有影响力的是清末状元张謇创建南通博物苑的实践。

南通博物苑是张謇秉承"设苑为教育"的宗旨，于1905年在其家乡江苏南通创办的一座博物馆，主要用作学校教育之辅助。博物苑所藏分天然、历史、美术、教育四部分，藏品数量多达2900余号，计2万余件。虽然南通博物苑"当时规模狭小"，是"仅供师范教授的简单设备"，但是，南通博物苑是国人最早自主创设博物馆的成功实践，被认为是国人创办博物馆之发轫、国人自办综合博物馆的开端，是我国第一个学校博物馆，同时也是中国博物馆事业发展史上足资纪念的一件大事。从一定意义上讲，南通博物苑具有开风气的作用。

在张謇之后至清代结束，还有其他一些民间博物馆实践活动，如在北京、天津和山东等地也开办了几座博物馆和一批陈列馆或陈列所，但大多规模有限，影响不大。

除了在民间博物馆实践之外，清朝末年政府层面也在博物馆领域做了一些努力。其中包括清政府颁布的奖励民办博物馆的措施等。在民间实践兴起之后，清政府设立了一些部门管理博物馆事务，如在中央一级学部专门司下设立专门庶务科负责包括博物馆在内的学术技艺等事务。在各省学务公所设图书课（科）掌管图书馆、博物馆等事宜。遗憾的是，由于当时清政府业已内外交困，政权摇摇欲坠，这些努力并没有产生出实质性的结果。

总之，现代博物馆是在中国社会逐步走向半殖民地半封建社会的背景下出现的，是自主力量和外来入侵力量双重作用下的产物。这种特殊背景使中国博物馆从一开始就呈现出浓厚的救亡色彩，表现出强烈的社会责任意识，并深深影响到后来中国博物馆发展的观念取向和道路选择。从这一意义讲，博物馆作为一种社会改造工具的责任意识，是与现代博物馆在中国的出现相伴生的。因此，"社会使命"被看作中国近代以来博物馆发展的特点之一。

现代博物馆在中国的出现深刻影响了中国固有的传统保存设施的自然演变进程，不仅影响了国人的社会价值观念和传统，也影响了国人的文化意识和民族自信心。中国现代博物馆的外来"侵入"特征与中国固有的遗产收藏、保护和利用传统形成了一定的矛盾，如何协调这种矛盾成为中国博物馆发展的一个长久命题。

三、现代博物馆在中国的初步发展

在经历了晚清时期艰难的初期实践之后，现代博物馆在中国迎来了初步发展时期，尽管其中充满了曲折与艰辛。

（一）民国建立至20世纪20年代末的博物馆

民国初期，虽有战乱，但受民族文化保存思想等的影响，保护文化遗产、建立博物馆仍得到关注，公共力量开始介入博物馆建设。

公共力量的介入促成了不同层次公立博物馆的形成。一方面是国立博物馆的建立，像国立历史博物馆（1912）、古物陈列所（1914）、国立北京故宫博物院（1925）等。这些博物馆是"国家本位"的产物。其中，故宫博物院是依托明清两代皇宫建筑和宫廷原有珍藏而建，它的建立终结了皇家收藏封闭、被独占的历史，使其成为国民共享的财产，因而产生了巨大的政治和社会影响。另一方面是地方公立博物馆的迅速发展。到20世纪20年代末，已先后建成了河南博物馆、浙江西湖博物馆、山东博物馆等。

在公共力量之外，私人博物馆也得到了发展。这些私人博物馆是私人筹款、董事会主持的博物馆。其中包括颜文樑创办的苏州美术馆（1919）、王遵先创办的兰州市立博物馆（1928）等。

公、私力量的共同努力使得中国博物馆在发展初期呈现出一种良性发展的态势，为博物馆发展提供了动力。到1929年，全国共有博物馆34座。

（二）20世纪20年代末至全面抗战爆发之前的博物馆

20世纪20年代末，博物馆事业进入一个较快的发展时期，建立了包括上海市博物馆等在内的一批新的博物馆，并开始筹建中央博物院等大型的综合性博物馆。博物馆数量增长迅速，到1936年，全国博物馆数量已经达到77座。同时，初步建立起了博物馆内部制度。在藏品保管诸多方面，已经建立起一系列的规则，如《古物陈列所各库存储古物保管程序》、上海市博物馆的《处理陈列品的规则》《陈列品编号办法》等。在人员管理方面，也出现了对博物馆从业人员的基本资格要求等。此外，博物馆的对外活动也比较活跃。1935年，故宫博物院、古物陈列所、河南博物馆和安徽图书馆所藏铜器、玉器、瓷器、书画等，曾赴英国伦敦参加中国艺术国际展览会。此次中国历史文物首次在西方公开展出，引起了广泛的关注。1935年中国博物馆协会在北平成立。次年，上海市博物馆开始对新入职人员进行专业培训，开启了博物馆的职业化进程。

这一时期博物馆事业发展在各主要领域均取得了比较大的成就，达到了旧中国博物馆事业的高峰，被称为我国博物馆发展史上的第一个高潮期。自此，现代博物馆格局初步形成。

（三）全面抗战爆发至新中国成立之前的博物馆

在抗日战争期间，有的博物馆毁于日军炮火；更多的博物馆被迫关闭或内迁，在辗转迁徙途中文物也遭到损失，或遭敌机空袭而被毁。值得赞颂的是故宫博物院的前辈们护卫着一万多箱文物藏品辗转流离南方多地，历经千辛万苦，终而使这批国宝躲过了战火。但一些沦陷地区受到敌伪劫掠，大批文物散失、损毁，博物馆藏品损失巨大，如中央博物院等新馆的筹建工作也被迫中断。博物馆的正常运转难以为继。博物馆事业基本上处于半停顿和"守摊子"的状态，甚至陷入倒退的境地。长期战乱造成博物馆数量锐减。到1949年新中国成立时，全国博物馆数量仅存25座，且状况堪忧。

战争给博物馆事业带来严重的灾难，不过在局部地区也新建了少数博物馆。

比如，1941年3月在成都建立四川博物馆。1944年12月在重庆北碚建立中国西部博物馆。此外，还有北碚民众博物馆、北泉历史博物馆等。

其中，中国西部博物馆是一所自然科学性质的博物馆。1944年12月25日博物馆正式成立（1945年7月更名北碚科学博物馆，1946年10月1日改为中国西部博物馆）。该馆成立后得到各方面支持，许多科学家如尹赞勋、杨仲健、伍献文、赵九章等都对该馆作出过贡献。当时该馆分工矿、农林、生物、地质、医药卫生、气象地理六馆，仅展出的科学标本就多达10万余件。自1944年12月至1947年8月，共开放827天，接待观众16万多人次。中国西部博物馆是抗战期间最重要的博物馆，代表了当时我国博物馆发展的水平。

在抗日根据地和解放区，中国共产党人进行了包括举办展览会、建立展览设施等活动在内的博物馆实践。自1943年起，延安就陆续举办了大规模的展览会，并建立了诸如生产馆、翻身馆、时事馆、卫生馆等设施。展出对象包括工农业的产品、发明创造、战利品、翻身物品等。当时一些学校如鲁迅艺术学院也建有陈列馆（室）等。

总体上看，从全面抗战爆发至新中国成立之前这一时期中国博物馆事业呈现出一种整体停滞状态下的局部发展。

综上，中国对珍贵遗产的收藏、保护和利用实践历史悠久，但中国现代意义的博物馆是近代以来在中国社会不断半殖民地化的过程之中生成和发展起来的。这种特殊的历史环境造成旧中国的博物馆发展呈现出一种复杂的局面。主要表现在公立与私立并存，中国人与外国人建立的博物馆并存。这些不同主体创建博物馆的动机、目的不同，博物馆发挥的作用也不同，而且在不同时期各区博物馆所占比重也处在不断变化之中。我们在评价这一时期博物馆事业时，需要做具体而客观的分析。

在1949年以前的中国，现代博物馆经历了一个从观念传播到实践的过程，博物馆事业从无到有、从小到大艰难地发展起来，并取得了一定的成就。特别是经过20世纪30年代的初步发展之后，中国现代博物馆的基本格局初步形成。但是，旧中国特殊的历史环境决定了这种发展是有限的，而且也存在着不少的问题，像类型比较单一、博物馆表征意义远大于实际意义、博物馆还远未成为公众可以自由体验的文化场所和实用、有效的民众教育与娱乐的工具。中国博物馆事业的真正发展是新中国成立之后的事情。

正是由于中国现代博物馆生成和发展的这种特殊环境，中国现代博物馆从一开始，就带有较为浓厚的半殖民地色彩，独立性不强，西方痕迹明显。这一特点为日后新中国博物馆提出了一个现实的、无法回避的任务，即去殖民化。

四、当代中国博物馆

1949年中华人民共和国成立，中国博物馆事业进入一个新的发展阶段。1979年以后，博物馆在改革开放方针政策的指引下，逐步走上了中国特色的社会主义博物馆事业发展道路，加快了前进的步伐，取得了举世瞩目的成就。

（一）新中国成立初期的博物馆

1.改造与整顿时期的博物馆

新中国成立时，全国博物馆仅存25座，其中多数处于瘫痪或半瘫痪状态。新中国博物馆的发展从改造与整顿旧博物馆中起步。在政务院文化部之下设立文物事业管理局，管理全国的文物博物馆事业，各大行政区也相应设立文物博物馆管理部门。1949年到1952年，政府先后接管了各地共25座博物馆。

1950年，政务院颁发《古迹、珍贵文物、图书及稀有生物保护办法》《禁止珍贵文物图书出口暂行办法》和《古文化遗址及古墓葬之调查发掘暂行办法》等法令，严禁文物非法出口，有效地制止了新中国成立之初猖獗的文物盗掘、盗卖和外流。同年，政务院又发布《关于征集革命文物的命令》，发起了一场全国范围的抢救性文物征集运动，空前地扩大了博物馆馆藏，为博物馆事业的生存与发展奠定了基础。

1951年，文化部发布《对地方博物馆的方针、任务、性质及发展方向的意见》，指出"博物馆事业的总任务是进行革命的爱国主义的教育"，要求各地学习苏联博物馆建设的经验，建立地志性博物馆。这一指导性文件为推动新中国各地的地志博物馆发展奠定了基础。

2.初步发展时期的博物馆

1956年4月，文化部文物局在北京召开全国博物馆工作会议，明确了我国博物馆的基本性质与基本任务。在此后的几十年，"三性二务"论在中国博物馆的理论和实践中,一直发挥着重要的指导作用。1956年5月,文物局在济南召开全国地志博物馆工作经验交流会,推广山东博物馆建设的经验,并确定了"地志博物馆"作为省级博物馆建设的基本模式。1956年年底,全国建成29座地志博物馆。同时,我国的纪念馆已达19座,基本形成博物馆的一个独立门类。

1958年9月,中共中央和中央军委作出了在北京建设中国历史博物馆、中国革命博物馆和中国人民革命军事博物馆的决定。这"三大馆"在短短的一年时间创建而成,其建设的速度之快,在动员人力、财力、物力以及征集(和调集)文物、陈列设计等方面的工作效率之高,在中外博物馆历史上实属罕见。"三大馆"的建设集中了新中国成立十年来考古与文物工作的成果和博物馆工作的经验,在陈列的思想性、科学性、艺术性方面达到了空前的高度,代表了当时中国博物馆的发展水平。

1970年5月,国务院批准成立"图博口领导小组",作为当时全国图书馆、博物馆工作的最高领导机构,恢复图书馆、博物馆方面的工作。1975年11月,中国革命博物馆纪念中国工农红军长征四十周年展览对外开放。国家级大馆的重新开放,很大程度上带动了各地博物馆业务活动的陆续恢复。

1979年6月,国家文物局颁布《省、市、自治区博物馆工作条例》,该条例是新中国成立以来第一个系统、完整的博物馆管理规章,对以后的博物馆规范管理发挥了重要作用。

(二)改革开放以后的博物馆

改革开放以来,随着一系列改革政策的实施,带来中国经济的腾飞。经济增长带来的巨大的物质财富推动了社会文化消费的增长,为博物馆大发展奠定了基础。进入21世纪,政府提出"要使社会主义文化事业大发展大繁荣"的目标,激发了社会各界发展文化事业的热情,许多地方将建设博物馆视为体现城市文化与形象的重要工程,形成了全国博物馆建设高潮。

1.博物馆数量不断增长

20世纪80年代,随着中国经济发展、文化需求上升、大众旅游兴起,博物馆以"逐步发展"的节奏稳步向前。20世纪80年代新建的博物馆主要为种类各异的小型博物馆,其中以人物类纪念馆为多。20世纪90年代开始,中国博物馆发展呈现出两个特征：一是国家投入大量资金新建了一批大型的现代化博物馆；二是文物局系统以外社会力量办的博物馆数量增长加快。1991年，建筑面积达6万平方米的陕西历史博物馆落成开放，代表着新一轮大型博物馆建设高潮的到来。1996年，上海博物馆新馆建成开放。1998年新落成的河南博物院建筑面积达7.8万平方米。浙江省博物馆、山东博物馆、江西省博物馆、苏州博物馆等也都新建了规模较大的馆舍。2011年，南京博物院在原馆基础上将全馆建筑面积扩展到了8万平方米。2012年，由中国历史博物馆与中国革命博物馆合并后的中国国家博物馆，建筑面积近20万平方米，成为世界上单体建筑面积最大的博物馆。

1992年12月，上海市文物管理委员会批准成立新中国成立后的首家民办博物馆——"四海壶具博物馆"。接着北京、西安、广州等地的民办博物馆也陆续诞生。这些非国有博物馆的出现，改变了国有博物馆一统天下的面貌。

博物馆数量快速增长的同时，也带动了展览数量与观众数量的增加。20世纪80年代以后，各地博物馆将展现地域文化特征作为改革突破口，陈列内容突出地方历史和乡土文化，改变了此前"千馆一面"的状态。20世纪90年代，随着中国国际地位的提升，各地博物馆开始引进国外的历史文化艺术展览，满足广大公众了解世界的迫切愿望，引起社会公众的积极反响。2003年政府提出博物馆要贴近实际、贴近生活、贴近群众。《国家文物事业"十一五"发展规划》中指出，"坚持以人为本，落实'三贴近'要求"。"三贴近"成为博物馆社会服务的工作原则。2008年年初，中宣部、财政部、文化部、国家文物局联合发布《关于全国博物馆、纪念馆免费开放的通知》，开启了博物馆公共服务的新时代。免费开放不仅为公众去除了博物馆"收费"的门槛，还推动了博物馆重构其价值定位，重新确定其社会责任和任务，从注重物、知识和历史转向对"人"和"人的发展"的重视。免费开放使博物馆明确社会公共服务的本质，回归让公众分享人类智慧成果的基本职能，回归博物馆作为社会发展智力支持条件的社会定位。

2.博物馆发展呈现多样化

博物馆的多样化发展是20世纪90年代以来的新特征，主要表现为办馆主体的多样和博物馆类型的多样。20世纪90年代初建成开放的中国茶叶博物馆和苏州丝绸博物馆，开始了中国博物馆种类多样化的新发展。经济类、文化类、军事类、政法类、民族民俗类和科技类等博物馆也快速增长。在经济生产行业中，煤

（铁）矿行业，铁路、航空等交通运输行业，纺织行业，酿酒食品等行业博物馆发展最为迅速。科技类博物馆的数量增长也不逊色。

从20世纪90年代初期出现首家民办博物馆起，我国博物馆的办馆主体逐渐形成国家办、部门办、行业办、集体办、私人办的多元化格局。国有和非国有博物馆、文物系统与其他系统博物馆并驾齐驱。非国有博物馆作为国有博物馆的一种补充，一定程度上弥补了国有博物馆在藏品和种类上的不足，得到了政府的政策支持与扶持。2010年国家"五部二局"①联合发布《关于促进民办博物馆发展的意见》，大力推动民办博物馆的发展。

3.博物馆人才队伍建设加快

新中国成立后，曾有高校设立博物馆专业，但因专业人才的社会需求量太少而被撤销，以至于改革开放初期博物馆专业人员队伍发生严重断层。1980年复旦大学分校（现为上海大学文学院）和南开大学在历史系设立考古与博物馆本科专业，此后杭州大学（已并入浙江大学）、吉林大学、复旦大学、北京大学等高校也陆续在本科和硕士层面开设了博物馆专业。随着全国博物馆数量的增长和博物馆专业人才需求的加大，到2010年，全国已有30多所高校设立文物与博物馆学硕士培养点，其中有的高校还设有博物馆学博士点。

从20世纪80年代起，国家文物局先后在扬州、泰安、西安等地建立文博专业职业培训基地，邀请博物馆专家与高校教师为博物馆在职人员开展各种短期业务培训。2010年以后，国家文物局又有计划地开展了对全国博物馆新进员工的职业培训，各地文物主管部门也不定期地组织开展对本地博物馆员工的短期专业培训。尽管现在许多博物馆对新进人员有专业与学历水平的要求，但与发达国家相比，我国博物馆从业人员的总体学历水平偏低，并且在短时期内还难以改变这种状况。

4.博物馆管理日益规范化

1982年《中华人民共和国文物保护法》颁布，其中"馆藏文物"相关内容与博物馆管理直接相关。此后，国家文物局相继颁布《革命纪念馆工作试行条例》

---

① "五部二局"为财政部、民政部、文化部、国土资源部、住房和城乡建设部与国家税务总局、国家文物局。

《博物馆安全保卫工作规定》《博物馆藏品管理办法》等规章，规范了博物馆藏品的征集、保管和安全保卫等具体工作的原则与方法。进入21世纪，博物馆数量快速增长过程中暴露出的质量问题日益凸显，博物馆主管部门从注重博物馆数量增长转向重视博物馆质量的提高，加快了博物馆法规建设的步伐。2005年文化部颁布《博物馆管理办法》。2008年，国家文物局启动全国博物馆评估定级的质量认证工作，为博物馆建设的专业化、规范化与科学化提供质量标准。2015年国务院颁布《博物馆条例》，为健全和完善博物馆管理，有效发挥博物馆社会功能，推动博物馆事业的持续发展，提供了法律保障。

5.博物馆协会活动积极展开

改革开放以后，博物馆界建立行业组织的愿望日益强烈。1982年3月，中国博物馆学会（现改名为中国博物馆协会）成立，次年7月，加入国际博物馆协会。此后，中国博物馆协会成立了与国际博物馆协会之下各国际专业委员会对接的30多个专业委员会。中国博物馆协会组织国际国内学术活动，开展为博物馆服务的各种业务培训，编辑出版《中国博物馆通讯》《中国博物馆》（季刊）和博物馆学专著、资料等，反映各地博物馆的重要活动和博物馆学研究成果；主持全国博物馆质量评估定级工作，开展各种有关推动博物馆发展的全国性评比活动，如全国博物馆十大精品陈列评定、年度全国文化遗产十佳图书评选、全国博物馆学优秀学术成果评选活动等。2010年11月，国际博物馆协会第22届代表大会在上海召开，对树立良好的国家形象，扩大中华文化的影响力，搭建中国博物馆行业与国际博物馆界的交流平台，促进中国博物馆事业发展起到了重要作用。

改革开放四十多年来，中国博物馆由初期的缓慢发展到逐步加速，再到近十年的高速发展，与国家的经济发展同步，呈现了前所未有的历史性飞跃。博物馆通过自身的改革，与时俱进，增强了服务社会的意识，在实践中努力实现了"两个转变"：一是在业务活动中，从传统的"以物为本"向"以人为本"转变。博物馆实行免费开放，提升博物馆社会服务质量是这方面的具体体现。二是在办馆方向上，由"内向型"向"外向型"转变，增加了博物馆活动的社会开放度。博物馆陈列展览主题的设计听取社会公众的意见，高校和科研机构合作开展博物馆藏品研究，并有计划地逐步在博物馆网站公开博物馆藏品目录，实现藏品资源的社会共享。在博物馆管理方面，进一步完善法人治理结构，提高办事效率，对组织机构、人才聘用以及人才激励机制等实施了改革，以适应国内不断发展的市场经济环境。上述的改革与发展，正在逐步体现中国特色社会主义博物馆的基本面貌。

党的十八大以来，党和国家高度重视文物工作，提出要让博物馆中的文物"活"起来，将保护好和利用好文物提升到传承历史文化、维系民族精神、滋养社会主义精神文明建设、助推社会发展进步的高度，为博物馆工作指明了发展方向。2017年以来，以故宫博物院为代表的国内9个著名大博物馆与电视台、传媒公司等媒体联手制作"国家宝藏"文博探索节目在中央电视台推出，在社会上引起轰动，深受公众欢迎。新时期，深入贯彻落实党和国家的公共文化政策，发掘博物馆文化资源，为公众提供更多、更好的公共文化产品和服务，满足公众不断增长的精神文化生活需求，是博物馆人员肩负的时代重任。

第三节　当代博物馆的新发展

当代博物馆服务社会的理念有了很大的提升。为满足社会公众不断产生的新需求，博物馆不断改变自己，更深地植入社会，由"以物为本"转向"以人为本"。近年来，新的博物馆类型逐渐产生，同时应用新兴科技、涉足环境保护与非物质文化遗产保护等领域，正成为博物馆自觉的行动。

一、新型博物馆的出现

（一）生态博物馆

生态博物馆作为一种新型博物馆，代表着一种新思维、新观念，与传统博物馆有很大的不同。国际博物馆协会编的《博物馆学关键概念》对生态博物馆的表述为：生态博物馆，是一个致力于社区发展的博物馆化的机构。它融合了对该社区所拥有的文化和自然遗产的保存、展现和诠释功能，并反映某特定区域内一种活态的和运转之中的（人文和自然）环境，同时从事与之相关的研究。

生态博物馆的出现在国际博物馆界掀起了一场博物馆革新运动。20世纪90

年代后期，生态博物馆理念被引进中国。1998年10月，中国首座生态博物馆在贵州六枝梭戛苗族村寨诞生。该生态博物馆与分布在大山深处的少数民族聚居区和风景名胜区相结合，将自然遗产、物质文化遗产与非物质文化遗产完整地保护起来，赋予了生态博物馆实践新的内涵。此后，我国又在广西南丹、云南西双版纳、内蒙古达茂旗、浙江安吉、陕西汉中等地陆续建立了一批新的生态博物馆，开辟了中国特色生态博物馆的新模式。

（二）社区博物馆

"社区"是社会学中的一个概念，目前学界对"社区"的定义存在较多分歧，因而也影响了社区博物馆概念的确定。2000年，《民政部关于在全国推进城市社区建设的意见》中明确指出，社区是指聚居在一定区域范围内的人们所组成的社会生活共同体。具体而言，目前城市社区指的是街道或下属的居委会辖区，农村地区指的是乡、镇或行政村或"村"。以此为据，我国社区博物馆是以收藏、保存和展示与当地社区居民在感情上有千丝万缕联系的、反映该地区社会发展与自然环境变迁的历史见证物为手段，以提升社区居民素质，增加居民的认同感和归属感，推进社区经济和文化发展为目标的机构。

社区博物馆概念由美国博物馆界首次提出并付诸实践。20世纪六七十年代，欧美国家普遍实施全面的解决贫困问题战略，社区发展成为一个中心主题。博物馆界同社会其他各界一样，不仅关注社区的发展，同时也积极思考怎样将博物馆的人文关怀送到贫穷社区的弱势群体中。1966年，美国博物馆学家狄隆·利普里提出了直接参与社区发展的"社区博物馆"概念，并在华盛顿城郊的一个黑人居住区，利用一座旧仓库建立了社区博物馆。20世纪八九十年代，世界各国出现了大量的各种类型的社区博物馆，其中美国的社区博物馆数量较多。社区博物馆的主要功能是为社区居民提供一个学习的场所，以解决社区中的居住、失业、教育等社会问题。同时，注重恢复和保护因人口迁移业已丢失的共同的历史文化传统和集体记忆，增强社区居民对社区的归属感和认同感。

中国第一座社区博物馆——福州"三坊七巷"社区博物馆，是为了保护"三坊七巷"历史文化街区，延续福州老城区的文化价值和传统而建立的。社区博物馆关心当地的、当下的社区，着力解决人与社会（社区）之间的问题，代表社区居民的共同利益，是居民充分行使话语权、争取自身权益的平台。

（三）近现代工业遗产博物馆

近现代工业遗产是指世界工业革命以来的近现代工业文明遗存。工业遗产博物馆属于工业博物馆范畴。工业博物馆又可细分为"传统工业博物馆"与"遗址性工业遗产博物馆"两个子类。前者属于传统的科学技术与工业史类博物馆，后者则是20世纪后期兴起的遗址性工业遗产博物馆，以在工业旧址上保护和利用工业遗产为特色。20世纪七八十年代以后，发达国家在保护工业遗产中建立了许多遗址性工业博物馆。英国铁桥峡谷博物馆和德国鲁尔"关税同盟矿区"为代表的大型露天工业遗址博物馆的诞生，标志着遗址性工业遗产博物馆走向了发展的高峰，成为近现代工业遗产博物馆发展的主流。

遗址性工业遗产博物馆有"大遗址型"和"一般遗址型"两种。"大遗址型"工业博物馆既保存工业遗产中的建筑物、环境场所和工业设施等物质实体，又保存工业遗产所包含的文化和传统等精神内涵，通过对工业遗产地有形遗产和无形遗产的双重保护，记录并展示曾在人类文明进程中作出过杰出贡献的工业文化和历史信息。由于这类博物馆往往将工业遗迹连同其周边的生态环境一起保护，又可称为"工业生态博物馆"。在工业遗产的保护与再利用策略上，"大遗址型"工业博物馆一般采取整体性保护的措施，既保护了工业遗产，又修复了生态环境，使整个工业遗址成为工业遗产旅游景观区，因而在地理学界或旅游业界，往往又称其为"工业景观公园"。在露天工业遗址博物馆内，还有一些利用旧工业建筑建成的博物馆，这种博物馆可以视为露天工业遗址博物馆中的"馆中馆"。

"一般遗址型"工业博物馆坐落于旧厂房或仓库等工业建筑遗产中，或由旧产业建筑改造而成，其馆藏品和展览一般都是原工业遗物和关于工业历史的内容。但也有一些工业遗址博物馆虽坐落于旧的工业历史建筑中，其馆藏品和展览内容可能是反映与该遗址直接相关的工业遗物，也可能是原址以外同行业甚至是其他行业的工业遗产。

还有两种与工业遗产有关的特殊形式博物馆。一种是"旧瓶装新酒"式，即将工业建筑遗产的实体保存下来，通过功能置换和空间重组改造成其他主题的博物馆。常见的是将旧工业建筑改造为艺术博物馆，由于其馆舍是旧工业建筑，又位于工业旧址上，馆址与馆舍都属于工业遗存范畴，因而也与工业遗址博物馆相似。另一种是企业博物馆式。出于反映本企业（或本行业）的历史发展、重大事件和著名人物，保护部分已淘汰的生产设备之需要，利用原厂房、车间建立博物馆。从工业遗产保护角度看，这种企业博物馆也可纳入工业遗址博物馆范畴。

二、新兴科技在博物馆广泛应用

当今世界以信息技术为代表的新兴科技突飞猛进，不仅为传统产业注入了新的活力，也为博物馆发展带来了机遇。20世纪90年代欧美发达国家首先开始了数字博物馆建设，将计算机多媒体技术应用于藏品管理、研究、展览和博物馆管理等方面，提出了"存储数字化、传递网络化、管理电脑化、资源共享化"四个目标。各博物馆馆际藏品信息资源的共享必须以藏品信息数据库为基础，网络传递是信息资源共享的手段。在藏品管理信息系统基础上衍生出大量的其他应用，如虚拟博物馆，观众可以足不出户在任何时候浏览博物馆的展览。在陈列展示与观众服务中采用的各种多媒体技术，丰富了展示内容的表现手段，增强了展览的互动性，提高了观众的兴趣。

博物馆内部局域网的建立，可提高博物馆的管理效率。数字博物馆的建设给博物馆发展增添了动力。

随着互联网技术的发展，移动应用、社交媒体、众包、物联网、自然用户界面等一批新媒体技术的涌现，促使博物馆不再局限于传统的陈列和简单的互动，而是利用各种新兴媒体，鼓励公众与博物馆互动，共享博物馆的资源，使观众从传统的知识"接受者"（受教育者）转变成知识传播的"参与者"。在数字博物馆建设中，许多博物馆从藏品信息数据库的建设向博物馆展览与公众服务方面拓展。

博物馆数字化并不是新兴科技在博物馆应用的终点。在信息技术革命的带动下，随着物联网、云计算、大数据和移动通信技术的兴起与发展，一种以物、人、数据动态双向多元信息传递模式为核心的智慧博物馆成为新的趋势。智慧博物馆以多模态感知"数据"替代数字博物馆的集中式静态"采集"，并以此为基础，建立更加全面、深入和泛在的互联互通，使人与人、人与物、物与物之间形成系统化的协同工作方式，从而形成一个完整的博物馆智能生态系统。智能技术与数字技术结合的智慧博物馆建设，是博物馆建设在数字博物馆基础上的未来发展目标。

总之，伴随着国家经济的腾飞，博物馆事业逐步进入快速发展轨道，博物馆的数量、类型、展览、观众数量、社会服务等各个方面，都有了很大的提升。今天，我国的博物馆建设在党和国家的方针政策指引下，继续朝着中国特色社会主义博物馆发展方向前进。

第四章

博物馆陈列展览的构成要素与基本流程

第一节 博物馆陈列展览的构成要素

关于陈列展览的构成要素,我们首先知道,陈列展览是在一定空间发挥作用的。空间的大小,制约着陈列展览的规模。空间,亦即场所是第一要素;第二要素是主题,即意欲向观众传递的思想,包括意图、观点、想法;第三要素是展品,包括文物、标本类的实物资料和信息类的资料;第四要素是通过展品来传递思想时所需要的设备,包括展具和传播装置;第五要素是制作这些设备所需的资金,即支付材料和人工费的经费预算;第六要素是陈列展览实施所需的时间。总之,陈列展览的构成要素有六项:空间、主题、展品、设备、资金、时间。无论缺少其中哪一项要素,都办不成或办不好陈列展览。

一、空间

博物馆选址是建筑设计前期工作中的重要环节。选址宜在地点适中、交通便利、城市公用设施比较完备的地段,其周围应没有污染源,场地干燥,排水通畅、通风良好。具体有以下十项原则。

第一,建筑设计符合工艺设计是博物馆建筑设计的根本原则。博物馆在提出建筑设计任务时,必须先进行博物馆工艺设计的研究。工艺设计重点研究的内容主要是参观线路、内部工作人员行走路线及藏品运送路线的合理安排,展厅、库房及其他业务用房面积的适当分配,文物、标本保护温度、湿度的参数及各项相应的装备、设施等。

第二,在确定先工艺设计、后建筑设计工作程序的同时,博物馆工作者与建筑师之间应建立密切合作的关系。

第三,建筑方案的确定应该经过科学的严密论证,广泛与博物馆保管人员,陈列、研究人员,宣教工作者,文物保护科技工作者等进行综合讨论研究,并听取城市规划、气象学、环境学、社会学等方面专家学者的意见。

第四,博物馆建筑设计的重点是展厅和库房的设计。其中,展厅设计重点是妥善解决平面与空间布局中系统性、顺序性与灵活性相结合的问题,以及采光、照明问题。库房设计重点是建筑防潮、保温、密封性，保证库房小气候稳定问题。在展厅与库房之间应考虑到藏品运送的安全，凡藏品所经之过道、走廊、门厅、庭园均不宜设置台阶，二层以上的库房、展厅均应设置客货两用电梯。

第五，博物馆建筑防盗、防火必须严格遵照国家的防范规定。博物馆与四邻建筑应保持相当距离，以隔离外来火灾。

第六，博物馆建筑外貌应当反映博物馆的性质特征，不同地区、不同性质的博物馆应该具有个性特色。现代博物馆建筑要反映现代博物馆的风貌，在提倡博物馆建筑形式民族化的同时，反对建筑创作上的形式主义。

第七，博物馆设计不仅要满足当前的使用要求，而且要预测将来的发展，博物馆事业总是随着社会进步和文化建设的需要而发展的。博物馆建筑总平面规划，应为将来发展准备好扩建增建的余地。

第八，根据博物馆的性质、级别和所在地区的地质情况确定相应的防震等级，做好建筑物的防震处理。

第九，博物馆建设经费的筹划与分配不仅要研究当前基建与设备投资的合理分配，而且要考虑装修投资及建成后常年维护管理和能耗的经济性。

第十，如将古建筑改为博物馆，须保持古建筑本身及周围环境的风貌，并遵守各项文物法规、消防法规等，做好防火、防盗及陈列展览等基本功能方面的设计。但藏品库房仍以新建为宜。

展厅和库房是博物馆建筑的主体，相比而言展厅处在博物馆"前台"位置上，是博物馆的"面孔"。观众到博物馆参观主要是在展厅里活动，它是公共性的开放场所。展厅的使用功能复杂，既要保护展品不受自然或人为因素的损坏，又要有大量人流行走和活动的空间，对建筑结构要求很高；既要便于观众参观，又要具有一定的艺术气氛。所以，展厅处于最重要的地位，是博物馆建筑设计的重点，对陈列展览工作乃至整个博物馆的形象都有直接的影响。

《博物馆建筑设计规范（JGJ66—2015）》4.1.3规定，博物馆建筑的藏（展）品出入口、观众出入口、员工出入口应分开设置。可见，博物馆的展厅应该是相对独立的空间。

陈列展览区的平面组合应满足陈列内容的系统性、顺序性和观众选择性参观的需要；观众流线的组织应避免重复、交叉、缺漏；除小型馆外，临时展厅应能独立开放、布展、撤展；当个别展厅封闭维护或布展调整时，其他展厅应能正常开放。由此可以看出，按照观众习惯，陈列展览的观众流线一般应顺时针设置，并且要区别不同的展厅空间。

《博物馆建筑设计规范（JGJ66—2015）》还对展厅的平面设计提出要求：分间及面积应满足陈列内容（或展项）完整性、展品布置及展线长度的要求，并应满足展陈设计适度调整的需要；应满足观众观展、通行、休息和抄录、临摹的需要。其中还对展厅的柱距、净高都做了明确要求。建筑与展览的关系，即形式与功能的辨析。19世纪美国芝加哥学派的中坚人物路易斯·沙利文（Louis Sullivan）首次提出了著名的"形式追随功能"的思想，简而言之，就是说一个建筑的形态、外观应该真实地反映建筑功能，而不需要冗余的装饰，设计应主要追求功能，而使建筑的表现形式随功能而改变。这恰当地说明了博物馆建筑与展览的关系。

博物馆的建筑与陈列展览的关系有几种不同的情况。

对于新建博物馆而言，从博物馆建设流程看，一般是博物馆建筑设计和施工在先，交付于博物馆后，博物馆再着手进行陈列展览设计。如果是这样的情况，那陈列展览的内容设计和形式设计就只能迁就博物馆的建筑空间。当然，随着博物馆建设工程项目越来越多，操作上也越发合理规范。现在博物馆业主方一般都会提供博物馆建筑设计任务书给建筑设计单位，提出具体要求，如关于展厅的要求，最理想的状况是先有博物馆陈列展览脚本，然后根据具体的展示要求提出详细的展厅计划，如局部需要净高较高，或局部需要一个大面积没有网柱的空间等。建筑设计任务书在博物馆项目建设环节占有举足轻重的地位，它作为建筑设计过程中的主要依据，一方面显示出设计深度，即博物馆业主方对工程项目设计提出的要求，其最终成果既要达到满足需求的设计理念，另外一方面又展示出规划报建必须达到的基本条件。

而改扩建的博物馆建筑又有不同。改建往往是将文物古建、工业遗产等原有空间改作博物馆建筑空间使用，这样的改建往往要保留原有建筑的整体风貌与结构，所以不能大刀阔斧改造，有时这样的空间会对随后的陈列展览造成一定影响。而扩建往往是博物馆意识到现有建筑面积过小，不能满足博物馆使用要求而进行的，这种情况往往会考虑全面，把原有建筑的使用弊端在扩建时尽量避免。对于临时展览而言，其基本上是在现有的临时展厅中完成，面积、层高、柱距都是确定的且不能变更，因此没有太多选择，展览的内容设计和形式设计只能适应现有的临时展厅空间，有时可能还要做出让步和牺牲。

二、主题

博物馆陈列展览是博物馆展览人员与观众沟通的桥梁，通过这个媒介，展览人员把意欲传达的思想进行有效的传播。

确定陈列展览的主题，是体现博物馆历史作用的根本前提，博物馆不同的性质、地缘环境、社会需求、受众构成都影响着博物馆陈列展览主题的确定和展出的成功与否。因此，主题的确定是关系到博物馆陈列展览生命的基本问题。这就要求陈列展览制作人员做有效的评估和调查，广泛听取意见，审慎决策；主题的方向应表明有代表性，或严肃客观，或注重情感传达，或强调气势，或新奇诱人，等等。

三、展品

谈到博物馆的展品，容易联想到那些放在展柜里的文物或标本。其实，所有在陈列中发挥着传媒作用的物品均属展品范畴，不管它是否由藏品转化而来，都是陈列展览的展品（传播媒介）。当代博物馆的展厅已不再是那种纯粹收藏形态的罗列，除了由藏品转化而来的文物标本展品外，还有很多不具有收藏价值的物品发挥着传播媒介的作用，如说明牌、图文展板、照片、模型、多媒体等，这些后于陈列设计而产生的信息展品基本上没有永久收藏和科学研究的价值，只具有单一的信息传播功能。我国博物馆界通常称这类展品为"辅助展品"，它们虽为辅助人们理解主题思想的工具，但并不意味着它们所占的展出空间、体积尺寸、传递含义的重要程度等比实物真品低一等。随着博物馆陈列展览从"器物定位型"向"信息定位型"的转变，信息展品的开发利用问题变得越来越重要，在许多场合，它们往往扮演着重要角色，可称为"信息展品"。从研究角度看，实物真品可称为第一手资料，信息展品可称为第二手资料。

总之，博物馆陈列展览是一个有机的系统，各种展品必不可少，各类展品分别具有各自的价值和作用。根据这种观点，可将展品分为以下几类。

（一）实物

通俗地讲，博物馆展览中的实物就是观众口中所谓"真品"，在种类上分为植物、动物、矿物、金属等，是由单独加工或复合加工而成的。在来源方面可分为收购、考古发掘、地面采集、借入、捐赠、寄存、交换、移交等。实物真品一般具有永久性收藏价值，因而在展出时必须采取相应的保护措施，如使用展柜等手段的目的在于防止自然因素（灰尘、紫外线、温湿度等）或人为因素（触摸、碰撞、偷盗等）损坏展品，这也是实物展出的附加条件。虽然这种防护措施并非出于陈列展览信息传播功能的需要，但它们往往会成为影响传播质量的因素。

另外，按实物展品的原始功能，将其划分为美术作品和科技性展品，这对陈列展览工作而言是很有意义的，因为这一划分代表着陈列展览表现手法的不同构思方向——美术作品是可以同观众直接产生交流对话的，而科技型展品却因形态外观不能直接传达内涵意义，因此在传播上有着明显的局限性。所以，在美术陈列展览中，实物既是手段又是目的；而在科技陈列展览中，实物真品更多地被视为一种手段，它们发挥的是重要的"物证"作用，即使观众确信观念性陈列主题思想的真实性和可靠性，而不应指望实物真品能如美术作品那样单凭自身就能产生视觉语言。

（二）复制品

它是忠实再现客观事物的：二维或三维辅助品在陈列展览中使用复制品主要有以下几种原因。

一是一些实物虽然收集不到，但却有相关的照片、图纸、文献记载流传下来，根据这种间接信息材料复制出来的东西，可以充当辅助展品。

二是一些文物等级较高，对展出环境相对敏感，出于对文物保护的需要，对于不宜公开展出或较长时间展出的，则由复制品代为发挥作用。

三是出于传递特殊信息的要求而使用复制品。复制品虽然在研究者眼中没有什么价值，充其量是一种二手资料，但是用在陈列展览传播中却有一些独到的长处，这一点往往被人们所忽视。

四是欲展出的实物并非本馆藏品，但在陈列展览中又占据重要地位，只是由于某些原因不能借展，或即便短期借展，到期也要归还，所以只能通过复制品展出。

除上述原因外，在实际展览中，还有一些特殊情况需要使用复制品。诸如雕塑、石刻等原物重量太大，而展厅地板承重有限，从安全角度考虑，往往也会使用复制品代替原物展出。

在陈列展览中利用复制品时，有两个问题需要考虑。一是科学性、准确性问题，若想使观众获得正确认识，那么复制品要在多大程度上与实物相近呢？作为信息展品，复制品主要是为了传播知识信息而制作的，那么制作时就要按预传信息内容排列出准确性程度的主次关系，不必一切要素都以原物为准。二是展出方式。用复制品展出，应避免给人留下分不清真假的印象，且应该在说明牌上注明复制品字样。例如，将复制品放在伸手不可及的展台上或用玻璃隔起来展出时，要注明"复制品"，博物馆不能故意以假乱真，误导观众。

（三）模型

模型的优点在于能够强调特征，显示内在相互关系或空间相互关系，以及显示质感和形态信息，将一些日常生活中见不到的现象呈现给观众，它既有形象成分，又有抽象成分，能使观众一目了然。例如，因体积太大观众不可能看到的地球模型、平时无法看到的动物骨骼模型、普通人肉眼无法看到的分子结构模型、建筑缩比再现某个民族聚落的模型、不可移动文物的微缩模型等，都有其独到的长处。

（四）照片

那些体积过大或过小的原始资料，即使有也收集不到的东西，过去的事物、遥远地区或海底的事物、宇宙的事物等不可获取但具有展示价值的事物，就可通过照片形式加以处理，照片是平面材料中最写实的，其用法颇能随机应变，与模型相比所需费用也不多，比其他手法更接近事物原貌，尤其是在显示三维姿态和说服力方面颇具特色。照片与实物一样，不用中间媒介即能传递事实，并且容易使观众理解实际状态。

（五）图解资料

图解资料是用平面图形帮助观众进行理解的资料，包括绘画、插图、图表、坐标图等，其制作费用不高，对制作者的绘画技能要求也不高。它的技术性在于确定合适的抽象程度，恰到好处地表达某种概念。根据国内外相关工作的经验，在制作和使用图解资料时有以下几点注意事项。

一是过于简化或过于详细的图解描述，会令人难以理解。

二是如果想说明阶段性过程或几个活动，最好由多张图组成一组来呈现。

三是图解和文字说明，与其分别表现或用参照记号联系起来表现，不如一体化组合更有效。

四是应在认真考虑与文字说明的关系前提下，确定图解的展出位置。

五是图解与文字说明应同时设计，以免在内容上相互重叠。

四、设备

展厅中的设备可分为三类：一是主要起物理作用的大件设备，包括天花板、地板、展墙和展板、展柜、展台、支架等；二是只有传意作用的设备，包括版面、模型、布景箱、音响等；三是照明装置。下面对部分内容作详细说明。

（一）展墙和展板

与建筑墙壁不同，陈列展览所用的展墙和展板，包括隔间假墙、展柜内各种造型的板壁，还有用于展示平面材料的大型支撑性假墙。展墙造型有平面的、多面的、曲面的、球面的等，表面着色或敷以装贴材料。其主要功能包括：适当分隔展厅空间，增加展线长度；形成适当的参观走线，以保持循序参观；可支撑悬挂各种展品和图文展板，起到立面展示的道具作用，便于观赏；统一展览格调，对各种杂乱因素起到化零为整的包装作用。

随着技术与材料的进步，博物馆越来越多地采用活动式设计的展墙和展板，其可根据展厅环境与现场进行自主设计或定制，也可通过移动展墙和展板进行自由摆放或者自由组合。其优点为方便布展，使用率高，正反两面均可利用。

（二）展柜

从空间位置看，展柜大致可分为沿墙通柜、独立柜、坡面柜、入墙柜、悬挂柜等。沿墙通柜一般有多种样式，有带背板样式的，也有两侧为透明玻璃的。独立柜也称为中心柜，大多为独立式的，适合展示相对重要的展品，有时根据需要也可将若干独立柜拼合使用。坡面柜桌面有一定的倾斜度，从各个角度可欣赏到展品，适合展示书法、绘画等纸质历史文件及其他片状或扁平形状的物品，或需近距离观赏的小体积类的文物。入墙柜是凹陷进墙里面去的，其凹陷深浅程度依据展柜的实际需要而设定，门的开启方式根据需要确定。悬挂柜通常安装在墙壁上，让观众可近距离观赏展示物，适用于展示书法绘画、纺织品、金属货币等扁平形状的文物。

另外，博物馆通常使用的展柜为中规中矩的方形展柜，但有时为了美观或特殊传播的需要，也会使用异形柜和多媒体展柜。

使用展柜的目的是达到保存与使用的统一，即在不损伤展品的环境中让观众观赏。陈列展厅环境中自然因素如尘埃、二氧化碳、紫外线、温度、湿度等对展品的影响，人为因素如有人偷盗和无意地撞击展柜使易碎展品受损，都要求展柜设计能满足对上述各种因素的防护功能，其结构自然也就比较复杂。

（三）展台、支架

展台是在裸露展出时放置展品的台座。支架是将展品保持在最安全且便于观看的高度上的支撑或固定装置，在展柜里也常采用小型支架，工作中常称其为道具或积木。这种设备一般为规格化的几何形体，优点在于可应对多变的展出要求，而且不用时便于拆开存放。实际上，陈列设计并不受一定规格的制约，所以基本陈列的展台和支架需要根据展品尺寸和造型进行专门设计和定制，而临时陈列则可采用便于灵活组配的规格化造型。为了确保文物在展柜的放置更加美观、安全，需要支架做依托，这要根据不同文物的特点，选择不同类型的支架。通常来说，支架的材料有金属、玻璃、有机玻璃、木头等，有时也会使用钓鱼线、细软管等辅助材料固定文物。

一般来说，体积较大的展品应使用矮展台，小型的展品（如佛像、陶器等）则适合使用较高的墩柱式展台。有些展台还需要根据展品的特征进行设计定制。例如，有时为了在静态的展示中追求动态的表现，展台也会设计成可升降的形式，当然这种方式如果运用不好，便脱离了展览传播目的，反倒效果不好。

五、资金

博物馆是为社会及其发展服务的，不以营利为目的的公益性文化教育机构。如今的博物馆多为上万平方米，一般约有一半的面积为展厅空间，面对社会公众日益增长的对美好生活的需求，以及新时代博物馆被赋予的责任与使命，博物馆的建设与发展及如此大面积的陈列展览区域的布展势必需要雄厚的资金支撑。

六、时间

近年来，我国的博物馆建设如火如荼，数量剧增，但大多数往往是赶时间的工程。大多陈列展览选择在五一、十一、元旦等节假日或"国际博物馆日""文化遗产日"等行业的节日开馆，因此留给陈列展览策划、设计、施工的时间从几个月到一两年不等，但现实中陈列展览的实施周期时间并不长。一个好的陈列展览并非一蹴而就，肯定要经过周密策划、详细论证、充分研究等过程，即便是临时展览，也是经过认真策划筹备的。

第二节 博物馆陈列展览的基本流程

博物馆的陈列展览工作要按序进行，换个说法就是，若某项工作未完成，则无法开展下面的工作。当然，根据工作的种类和性质，也有部分工作可以与其他工作同步进行，但总体上看，大部分工作是某一步未完成便不能进行下一步，博物馆陈列展览，就属于这种只能循序开展的工作。

一、主题的选定

陈列展览筹备工作通常是从一个或几个人（或团队）想要举办一个陈列展览开始的。首先要讨论的话题就是，将要举办的陈列展览主题是什么。主题选择是否合理关系到陈列的成败，是相当关键的一步。

一个好的陈列展览主题，必定是有个性特点的，而非司空见惯的雷同；同时又必定与人们的现实精神生活需求相关联，能够引发人们参观欲望，这一切还必须建立在不脱离博物馆藏品和本馆使命、性质、任务的原则基础之上，使得选题成为一个看似简单而实际上难度较大的工作步骤。

在选题时应该想到这样一个问题，有藏品可以很容易地加以"罗列"，但不容易"陈列"，从技术上说罗列是从藏品着手选题的，考虑的仅仅是实物藏品的数量与展出空间的平衡统一问题，这一点比较容易做到，而陈列是通过藏品传递思想，势必以藏品研究为前提，强调的是信息传播的质量，但要考虑到兼顾大众化的趣味和接受水平，陈列内容富有个性特色和教育意义，发挥馆藏优势，符合本馆性质和任务等一系列问题，这就不那么容易了。

总之，在陈列选题方面，过去那种脱离馆藏基础一味追求"大""全""通"的做法固然不可取，而完全被动地受制于藏品的做法也不尽如人意，应该引起重视。

二、内容设计与形式设计

这是陈列工作的书面规划阶段，分为内容设计和形式设计两方面。内容设计负责逻辑地编排展品，决定预传信息；形式设计则偏重形象的艺术造型，负责表达信息。内容设计主要是陈列大纲与展示脚本编撰。形式设计包括概念设计、深化设计。概念设计主要是设计理念、平面图、动线图、轴测图、效果图、典型立面等，而深化设计涉及施工图，水电、新风、空调、消防、多媒体以及施工组织设计。

陈列是内容和形式结合紧密的综合体，两者的关系并不像企业的产品与产品包装的关系。在内容和形式严格分工的情形下，容易使一些必须综合考虑的问题被人为地割裂开来。实际工作中，两类工作者大多在为满足物质条件（硬件）奔忙，而陈列的信息和媒体功能开发却不够充足，使本应具有创造性的设计流于按部就班的工作，这是一个普遍存在的问题。

业界以往只用"设计"而不用"开发"一词，在实践中，设计是把制图形式作为工作语言的，而筹展工作到了制图阶段，就已经相当具体了。我们认为，在内容设计与制图之间还应该有一个中间环节，即根据特定主题内容，在头脑中创造出新形象的过程，以文字形式描述出来。这个步骤，称为"开发"，与设计有所不同，它仍以文字形式作为工作语言，强调内容和形式的综合与创新，不像设计制图那般"匠气"。其目的在于将头脑中创作出的未来陈列形象通过文字形式表达出来，成为下一步图纸上造型的工作依据，这在广告学中称"创意"。博物馆陈列展览是将展览主题相关的科学研究成果转换成可供直接感受和容易理解的实物陈列形式，从而达到普及和推广知识的目的。转换就是为某种特定的信息（所指）寻找或制作一种表达媒体（能指），由于所指和能指的关系具有任意性，因而在媒体设计中包含着很大的创造性；其实人文社会科学类博物馆也有类似之处，藏品和藏品研究成果（大多是十分抽象的表达形式）是可供人们利用的资源，但普通人并不能直接利用，需要有既懂科学又善于表达的陈列工作者为中介，将资源"开发"成可为普通人利用的形式，而科技馆的陈列设计往往是从已有信息（科技原理）而没有媒体（展品）的状态起步的，而人文社会科学类博物馆的陈列设计却大多是从既有信息（科研成果）又有媒体（展品）的状态起步的。所以人文社会科学类博物馆很容易使人感到陈列筹备充斥着硬件的工程性，很少有软件的设计性。从整体上看虽然能组成一个陈列，但从微观角度分析，许多展品与解说的组合方式只是最简单的，但并不是最佳的，甚至还是错误的。

由此看来，博物馆陈列如果不以展品形态的审美为目的，则大多存在按主题要求从展品身上抽取出某一方面的信息，并按信息的特性寻找一种最佳表达方式的问题。设计工作应组织专业人员共同在这一点上投入较多的创造性劳动，以创造出具有更高魅力的陈列。如果陈列设计者觉得实物展品与文字说明的组合本身就已构成能够自动向观众表达的完整媒体，那就大错特错了。因为诉诸观众视觉的器物外观所能传达的意义是有限的，非传媒性展品的内涵信息往往与外观造型没有必然联系；书面文字固然是人们最常用的交流方式，但在博物馆陈列中未必是最好的传播方式。所以，设计者首先应该认识到藏品和科研成果尚处在有待开发的资源状态，不经过传播意义上的信息加工则无法为普通观众所利用，这与藏品及其相关学科人员看待藏品的态度有很大不同。

三、施工与布展

在本阶段，设计人员成为施工组织者，操作性业务主要由工程技术人员承担。施工阶段是以设计阶段的成品为输入，其输出的成品就是可以对观众开放的陈列展览。这是一个由主观到客观的过程，筹展工作的大部分内容都在这一阶段进行作业种类很多，参与者也很广泛，需要团队协作。如果说陈列设计阶段主要是科学性和艺术性的问题，那么施工布展阶段则主要面临技术性和经济性的问题。

在陈列展览工作没有市场化之前，我国博物馆大多是由馆内人员承担陈列施工的，在管理上存在许多问题。专职的制作人员太少则无法应付陈列工作需要，太多则又会形成非施工阶段的人员浪费；从其他部门抽调专业人员临时布展，不仅使人产生一种被频繁拉差的反感，而且施工水平也不能保证；材料采购少了怕不够用，采购多了则会形成积压浪费；业余水平的制作往往造成较多返工浪费；低水平的施工不仅浪费设计人员的精力和时间，而且还会制约设计质量提高，目前的陈列施工一般都会交由专业的陈列展览公司完成，取得了较好的效果和有益的经验。

四、开放与评估

施工布展阶段通常一直要持续到陈列开放之前，一旦观众入馆参观，就意味着陈列展览工作转入开放和评估阶段。在本阶段要同时开展两方面的工作，一方面是将展览工作人员长时间艰苦努力工作的成果奉献给观众观览，另一方面是博物馆开始对成果的成功度进行定量化的评估。当本阶段开始时，展览工作人员才能为按期开放而松一口气，但也正是从此刻开始担忧观众将会怎样评价自己所付出的劳动。

要使陈列持续发挥预期功能，就不可放松日常维修和保养工作。开放期间的维持管理工作除了检修机电设备外，还要保持环境清洁；若有需加保护的展品，则要掌握因温度、湿度、照明、震动和灰尘等损坏展品的问题。如能在施工阶段就预想到开放期间可能产生的问题，并事先想好预案，就能降低开放期间维持管理的难度。展品安全是开放管理工作的重点，我国博物馆普遍采用人员巡视的方式，其优点是可靠性高，但缺点是容易干扰展室中应有的自由气氛。若真正为观众着想，就应设法使安全监控工作在观众意识不到的前提下进行，目前绝大多数博物馆已使用电子监控设备。

关于陈列展览效果的评估工作，可以采用两种途径，一种是观众调查，通过问卷、访谈、行为观察等方式来了解观众的实际受益程度；另一种是邀请馆外专家学者来馆考察座谈，从专业角度对陈列工作发表意见。评估工作的目的在于总结成功的经验，使以后的工作不低于当前的水平，同时从中发现存在问题，为修改和调整工作提供依据。相对而言，观众调查的结果是比较客观的，也是一种自我检验，只要方法科学，观众都会接受，因而主要是技术性问题。

而馆外专家的评估工作却不那么简单，因为其对陈列工作提出的否定性意见往往会被当事人看作有损于自己的声誉和地位的一种威胁。实际上，否定性意见才是最有价值的，问题在于怎样才能使陈列展览人员接受意见。博物馆组织专家来评估展览的目的，是听取专家的意见，以更好地调整完善目前的陈列展览。所以，评估者一方面要勇于发现错误和不足，并提出建设性方案，另一方面要考虑通过无损于当事人声誉的途径表达自己的意见。有些批评意见能够立刻反映到修改方案中去加以采纳实施，也有的因各种限制无法采取补救措施，但至少会成为教训，使陈列展览人员在今后的工作中避免犯同样的错误或失误。无论怎样，评估中的批评意见都应被视为有建设性的和充满善意的，因而也是最值得重视的。其实最好的方式是不要等展览完成开放后再进行评估，在展览施工布展过程中，甚至是选题、内容策划阶段，就要多次召开专家论证会，广泛征求各方意见。

第五章

博物馆陈列展览的选题与设计

第一节　博物馆陈列展览的选题研究

陈列展览是博物馆对外宣传的主要窗口。博物馆内收藏的大量珍贵文物只有通过这一主要途径，才能让广大文物爱好者领略其中的乐趣。特别是博物馆作为传播知识的平台，通过陈列展览可以让人们了解相关的文物知识，提高欣赏文物的水平，感受文物中所蕴含的无穷魅力。当然，博物馆陈列展览不仅仅是单纯文物的展示，不同性质的博物馆也肩负着不同的教育功能，所涉及的知识面也有所不同，各有侧重。但是，博物馆发挥教育职能的主要手段，其作为大众娱乐休闲场所的主要方式就是陈列展览。

博物馆举办陈列展览应当遵循的原则如下。

一是与本馆性质和任务相适应，突出馆藏品特色、行业特性和区域特点，具有较高的学术和文化含量。

二是合理运用现代技术、材料、工艺和表现手法，达到形式与内容的和谐统一。

三是展品应以原件为主，复原陈列应当保持历史原貌，使用复制品、仿制品和辅助展品应予明示；

四是展厅内应具有符合标准的安全技术防范设备和防止展品遭受自然损害的展出设施。

五是为公众提供文字说明和讲解服务。

六是陈列展览的对外宣传活动应及时、准确、形式新颖。

决定陈列展览是否成功的重要因素，是举办什么样的陈列展览，即陈列展览的选题。这样就涉及博物馆一个主要且重要的研究课题——如何选择陈列展览的题目。

一、选题依据

博物馆陈列展览的选题应从多方面加以考虑。具体而言，选题的依据主要包括博物馆特性、地域特性、民族特性、社会环境、文化背景、博物馆馆藏、陈列展览类型、经费支持等。

从根本上说，陈列展览的选题，即主题的选择就是特色的选择。特色是选题的原则标准。

（一）博物馆特性

目前，我国博物馆的类型主要有综合性博物馆、专题性博物馆和纪念性博物馆三种。从隶属关系上说，有国立博物馆、地方（省、自治区、直辖市等）博物馆和私立博物馆。不同博物馆有不同的创建目的及藏品的特性，因此陈列展览的选题应从自身优势出发加以考虑。

以北京为例，北京作为首都，是全国文化的中心，文化事业发达。博物馆是其文化产业中一个重要的组成部分，其规模及水平在全国处于领先地位。目前，北京属于公立的综合性博物馆有故宫博物院和国家博物馆，而作为地方的综合性博物馆则有首都博物馆等。例如，首都博物馆建馆的目的是反映北京地区的历史和文化。从这一特性出发，首都博物馆的陈列展览就要围绕北京的历史、文化这一主题，发挥其特色优势。当然，作为综合性博物馆，在选题范围上对比其他类型的博物馆要广泛得多。

北京的社会科学类专题性博物馆有中国人民革命军事博物馆、中国长城博物馆、中国体育博物馆、中国钱币博物馆、中国工艺美术馆、中国美术馆、中国邮票博物馆、中国现代文学馆、中国民族博物馆、国际友谊博物馆、北京大学赛克勒考古与艺术博物馆、炎黄艺术馆、北京市古代钱币博物馆、北京艺术博物馆、北京石刻博物馆、大钟寺古钟博物馆等。自然科学类专题性博物馆有中国古动物馆、中国农业博物馆、中国地质博物馆、中国邮电博物馆、中华航天博物馆、中国医史博物馆、中国科学技术馆、中国航空博物馆、北京天文馆、北京自然博物馆、北京古代建筑博物馆等。这些专题性博物馆，专业性强，特色鲜明，在相关领域中占有优势。因此，在陈列展览选题上应以其专题内容为主。

北京的纪念性博物馆有中国人民抗日战争纪念馆、毛主席纪念堂、北京鲁迅博物馆、徐悲鸿纪念馆等。纪念性博物馆主题已经确定，在陈列展览选题上应是对主题内容的进一步深化。

北京还有大堡台西汉墓博物馆、明十三陵定陵博物馆、圆明园展览馆等一些遗址类博物馆。这类博物馆在发挥博物馆职能的同时，还有很大一部分工作是对遗址的保护、修复及合理利用。因此，此类博物馆的陈列展览，首先要在保护好遗址的条件下，充分展示与遗址相关的内容，体现遗址所代表的文化内涵。

（二）地域特性

博物馆陈列展览的选题在很大程度上受地域的影响，或者说，地域不同，可选择的内容及角度也不同。例如，首都北京与西安、洛阳、开封、安阳、南京、杭州等城市虽然都是著名的古都，但其他城市作为古都的历史都是由盛至衰，缺乏连续性与递升性，而北京作为都城发展的历史，却具有这两个特性，这是其他城市无法比拟的。博物馆如果以都城内容作为陈列展览选题，都城的主题对于北京的博物馆来说，其历史积淀及文化内涵会更加丰富。因此，由于不同的地域会有不同的特性，同是古都，在陈列展览反映都城这一主题上，所选定的陈列展览切入点或定位就不同。首都博物馆有关北京通史的基本陈列，就是以都城文化为陈列主题，突出反映北京作为都城发展的历史。这一选题作为首都博物馆基本陈列定位准确，紧扣北京的地域特色，也抓住了重点。

谈到选题的地域特性，经济杠杆对文化的制约，也是以地域为表现的一个重要特征。经济相对比较发达的城市，在博物馆陈列展览选题上，与经济相对滞后的城市不太相同。特别是专题陈列及临时性展览，在选题上差别较大。当人们因为经济发达，有机会看到外面的世界时，他们思考问题的方式就会改变，从博物馆角度来说，在陈列展览选题上，有创意的内容就会出现，并成为陈列展览内容的主流，能与社会发展相适应。

另外，城市的基础、规模不同，在博物馆陈列展览选题上也会有所表现。例如，北京是一个文化事业十分发达的城市，文化氛围浓厚，从政府到市民，对文化的重视及投入比例都比较大；而一些小城市，从政府的财力，到百姓的需求，就文化这一范畴，投入的比例则相对要小。具体到博物馆这一文化窗口，前者会有很多，且规模较大，陈列展览水平较高；而后者虽然有，规模却不会很大，有些甚至还没有。因此，两者在陈列展览的选题上，会有很大不同。前者的选题会有很大的前瞻性，而后者一般是维持性陈列展览。前者相对主动，而后者则相对被动。两者在选题的范围及确定上会有一定的差距。

（三）民族特性

我国是一个由56个民族组成的国家，不同民族的文化特色十分鲜明。从博物馆类型上划分，反映一个民族或具有民族特色的博物馆，可以归为专题性博物馆。它与其他类型的博物馆中反映民族内容的专题性陈列展览相比，在规模上更大，涵盖范围更广、更全面、更专业；整座博物馆展示的内容都在表现这一民族的大主题，在这个大主题下，有若干小的子目，反映该民族的方方面面。可以说，民族特性决定了这些博物馆陈列展览选题的范围，如果脱离了这一主题，就会背离其建馆的初衷。特别是少数民族比较集中的地方，博物馆具有民族特色的陈列展览，会更加激发观众的参观兴趣。也就是说，民族特色才是这些博物馆最亮丽的风景线，也是这些博物馆陈列展览成功的基础。

（四）社会环境

社会环境，即社会背景对博物馆陈列展览选题的影响十分显著。从社会制度这一大背景看，不同的社会制度决定了其博物馆理念、认识的差别，陈列展览主题的切入点、重点、解释也会各不相同。虽然说文化是无国界的，但是即使在相同的社会制度下，也会因民族、地域、历史、传统、文化、文明、经济等的不同，构成这个国家，或者一个国家中的某个城市、某个地区的特有的大背景文化。在其相应的文化沃土上，博物馆自然也是必然地需要找到可以满足当地民众需求的陈列展览选题，并肩负起传播其文化的重任，这样，博物馆才能与其社会和谐共存。总而言之，社会环境的不同，决定了博物馆的价值取向及主旨，即陈列展览主题的确定。博物馆陈列展览的选题是在社会大背景的前提下，在社会需要的前提下，在时代脉搏的旋律上，有所作为的。陈列展览选题是有感而发，感来源于社会的人，在一定社会环境中生存的人。我们讲社会造人，同样，社会也造博物馆。社会是博物馆的依托，博物馆是社会文化、文明的缩影或反馈，脱离了社会这一客观存在，任何陈列展览主题都只是没有生命力的躯壳。

（五）文化背景

文化背景是影响陈列展览选题的一个重要因素。从世界范围来看，不同的国家、民族，它们的历史渊源、发展不同，因而它们的文化背景也不同。就中国本土而言，各地的文化背景也不同。具体到每个人，生活环境不同，其文化背景也不同。而博物馆陈列展览选题，就是其所处的文化背景之下的产物，是文化背景折射出来的闪光点。越是具有丰厚文化背景的地方或人群，其博物馆所要给予人们的陈列展览选题就会越丰富。

（六）博物馆馆藏

博物馆陈列展览选题中，有一个十分重要的决定性因素，即博物馆收藏品的规模、范围及价值。一个博物馆在业内地位的高低，在很大程度上取决于其馆藏品的价值及数量。俗语云，巧妇难为无米之炊。只有具备了一定数量馆藏品的博物馆，才能在陈列展览选题上具有优势。因为博物馆陈列展览的主角是文物，丰富的馆藏是陈列展览选题的基础。

当然，获得陈列展览展品的方式很多，最简单的办法，就是"拿来主义"，如引进临时性展览，即以外来展品作为主角，而博物馆本身只是提供展示的空间。这种临时性的展览，是可以不依赖馆藏品来决定展览选题的特例。

而具有藏品优势的博物馆，在陈列展览选题的运作上，会有更多的选择、更多的机会，也会有更自由、更广泛的伸展空间。例如，首都博物馆新馆专题陈列选题，就是根据馆藏品的优势确定的。

（七）陈列展览类型

博物馆陈列展览选题受陈列展览类型的制约。不同类型的陈列展览，其选题的视角、重点也不同。此外，博物馆的特性，也决定了陈列展览类型的取舍及范围。

以首都博物馆新馆陈列展览为例，根据首都博物馆自身特性，陈列展览的类型包括基本陈列、专题陈列和临时性展览。

其中，基本陈列是博物馆的主要陈列，所选定的主题要突出首都博物馆的特性，即地志博物馆的特性，要以反映北京地方的历史发展为主题，突出它的历史氛围，因此，陈列选题之一被确定为"古都北京——历史文化篇"。

专题陈列，是陈列设置一个主题的陈列方法。主题应经常变换，以适应季节或特殊事件的需要。它能使陈列创造独特的气氛，吸引人们的注意力，进而起到重视的作用。

对于临时性展览，其定义首先是在时间上的界定，它是短期行为；展览的主要目的是弥补博物馆展览的不足，形成展览的轰动效应，引起观众对博物馆的关注，扩大其知名度。临时性展览反映的是当今社会热点及人们关心的问题，是博物馆与社会接轨的最直接的窗口，也是博物馆最具经济效益的展览项目。因此，首都博物馆新馆临时性展览的选题，不要仅局限于本单位、本地区，而是以具有特色、吸引力的展览内容为切入点，确定展览的选题。

（八）经费支持

在博物馆陈列展览选题中，经费支持是影响选题的一个关键因素。因此，陈列展览选题之初，首先要考虑所选的题目得到经费支持的可行性有多大，做到心中有数。

目前，国立博物馆举办的大部分陈列展览，是政府认定的陈列展览，有专项陈列展览经费的支持。对于这些陈列展览，博物馆只要掌握好陈列展览的规模，合理使用经费即可。但是，随着社会的飞速发展，博物馆或许会面临生存的考验，陈列展览经费的来源，也将成为博物馆陈列展览运作中的头等大事，是博物馆陈列展览发展进程中重要的课题。

二、选题范围

博物馆陈列展览选题的范围，从宏观上讲，只要是社会需要的选题，同时也具备了陈列展览运作的基本条件，就可以成立。具体而言，博物馆陈列展览选题主要包括政治性项目、社会热点项目、专业项目、娱乐项目、专题项目、名人项目和其他项目七个方面。博物馆需要针对相关的陈列展览内容，制订远期及近期的陈列展览计划。远期计划实际是把握博物馆陈列展览发展的方向；近期计划，则是配合社会的文化需求，与时代脉搏同步，凸显时代特性。

（一）政治性项目

此类陈列展览选题大部分为政府指定的陈列展览项目。此类陈列展览的目的是配合政府同一时期所开展的工作，充分发挥博物馆宣传教育的重要职能。

(二)社会热点项目

这是博物馆最具吸引力,也最有经济价值的陈列展览选题。因为它与社会最贴近,能适应社会的需求,是广大民众了解、关心的内容。用"流行"来诠释"社会热点"一词,博物馆此类陈列展览选题就像流行音乐、流行服装等一样,一定是社会流行的话题。博物馆作为宣传教育的窗口,同报纸、电视、电台等宣传媒体一样,要有从众心理。从众是适应社会发展的需要,也是变被动为主动的契机。博物馆不是高高在上的说教者,而应是真正为人民大众服务的场所。所谓"以人为本",不是一句空话。博物馆与大众交流的最好方式,或者说架起双方畅通的桥梁,就是选择大众喜闻乐见的、具有流行元素的陈列展览主题,使博物馆陈列展览真正成为社会流行内容的载体。过去常有人说博物馆门可罗雀,但造成这种状况的原因并不是博物馆陈列展览没有展示丰富的藏品,而是在陈列展览选题上,缺乏与社会的沟通,未发掘出大众关注的话题,不关心人们的兴趣所在,以及博物馆在陈列展览运作、宣传方式等手段上存在不足。因此,抓住社会热点话题,是博物馆能够引起公众兴趣的陈列展览选题。

对于抓住社会热点这一陈列展览选题,时限是它最根本、最主要的要求。这需要博物馆从业者具有敏锐的观察力,可以发现社会关注的焦点;需要博物馆业务人员具有长期不断积累的文化底蕴。同时,博物馆文物收藏的丰富基础,特别是高效率的陈列展览管理及运作,都是保证博物馆能够做出快速反应并及时推出高水平陈列展览的强有力的后盾。

(三)专业项目

博物馆与娱乐场所不同,从专业角度讲,博物馆作为收藏文物及研究文物的机构,需要也必须不断推出有关文物的陈列展览,来满足人们对这方面的兴趣和爱好,普及相关知识。一般情况下,人们只有在博物馆才能看到有关文物的陈列展览,也可以说,文物的陈列展览是博物馆的优势项目。因此,作为各类博物馆专业题材的文物陈列展览,必然成为陈列展览选题的首选项目。博物馆不能以营利为目的,它有责任将丰富的馆藏文物展示给广大观众。虽然社会热点的展览选题会给博物馆带来很大的经济效益,但博物馆的职能和重任是传播文化,具体而言,就是通过馆藏文物或借用其他机构的文物将中国古代、近现代、当代的人文科学、自然科学等文化信息传达给观众，给他们以文化的熏陶。这种专业的陈列展览选题的确立，一方面靠博物馆自觉及对理想的追求，另一方面需要政府给予大力的支持。实际上，专业题材的陈列展览是衡量一个博物馆自身价值及研究水平的主要标志，对于树立博物馆品牌形象具有重要意义。

（四）娱乐项目

娱乐陈列展览题材的发掘在博物馆业内属于后起之秀。以往博物馆陈列展览在内容上侧重于专业题材的陈列展览，在陈列展览内容的选择及表现上，大多以教育者的姿态出现。而真正从观众的角度出发，举办从内容到形式具有互动意义的陈列展览，或者说观众可以从陈列展览中亲身体验到休闲、娱乐的陈列展览，还是近些年的事情。这种转变主要来源于社会发展对博物馆业巨大的冲击，博物馆要想生存、发展，就要适应社会的需求，脱离了这一根本，博物馆就将面临困境。

过去博物馆从业者一般认为，搞娱乐项目不是博物馆陈列展览的本行，是没有水准的表现。这种观念在今天已发生改变。任何一个行业的工作标准，都是不断探索、实践、检验后形成的结果。在今天各行各业工作压力巨大的背景下，人们到博物馆最想体验的是一种轻松、愉快的感觉。我们从最简单的意义上理解，人在玩的过程中身心最放松。当一个人还是小孩子时，可以尽情享受玩耍的乐趣，而作为成人，玩的权利已经被极大地弱化。如果博物馆在陈列展览中能够为不同年龄的观众提供娱乐、休闲的空间，既可以起到宣传教育的作用，又可以拉近博物馆与公众的距离。可以说，陈列展览娱乐选题是博物馆人性化服务最好的体现。

随着博物馆在陈列展览中涉及的娱乐内容的项目日益增多，范围日益扩大，不断突破博物馆自身的局限，博物馆越来越成为人们向往的娱乐天地。

（五）专题项目

此类陈列展览的主题鲜明，中心突出，可以集中展示某一特定范围或领域的一系列专题内容，即以点带线，以点带面，在陈列展览文物表现上，可实现度高，易于运作。特别是它可以避免综合性陈列展览内容带来的文物缺环和不足的情况，在陈列展览中充分体现出文物在表现某一特定内容时所具有的优势，突出了博物馆陈列展览以文物说话的特性。

以往博物馆综合性陈列展览，为了追求陈列展览内容的全面表现，都会因为文物本身的特性或多或少地存在展示文物上的缺环或不足。因为文物的不可再生性和独一无二性，各博物馆在收藏文物时，因地位、时间、地域、经费等主、客观原因，造成了局限性。博物馆文物的收集和收藏只能是在力所能及、有限的范围内进行。为了弥补陈列展览中文物的缺环及不足，虽然一般会以照片、图表、复制品、模型、沙盘等辅助展品来代替，但会弱化博物馆陈列展览以文物为主的陈列展览特色，并且大部分观众到博物馆来是希望能够在陈列展览中看到文物原件，而非代替品。因此，专题项目通过相对丰富的文物展品，集中地表现某一特定的陈列展览内容，将日益受到广大观众的青睐，成为当今博物馆陈列展览内容表现的主流方式。

（六）名人项目

此类选题作为博物馆陈列展览的主题在一般情况下是出于纪念意义，因此，这类选题主要是在某位名人的诞辰或忌日出现。博物馆通过陈列展览配合当时的宣传教育，具有一定的时限性。

还有一些是根据博物馆的收藏而策划的，这类选题相对专业性强，会受到专业人士或爱好者的青睐，同时可以凸显博物馆品位，是博物馆身份、地位的象征。

名人项目因内容反映的是名人，具有名人效应，所以会引起人们的极大关注。此类选题创意虽好，但应注意结合博物馆馆藏，如果缺乏相关文物展览，选题应慎重。

（七）其他项目

博物馆陈列展览的选题，应适应社会的发展，文化的繁荣，人们的需求。社会在不断进步，博物馆陈列展览也要跟上时代的步伐，应更加具有活力，因此，在陈列展览选题上，应逐步摆脱行业的禁锢。

放眼望去，行业壁垒日益被打破，人们的思维更加广阔，任何一个行业的亮点，都会被更广泛、更恰当地应用到其他行业中适宜的部分。例如，以往大多应用于博物馆、展览馆中的景观设计,已被一些具有一定文化品位的餐厅经营者应用,使食者在品尝美食的同时,也感受到自然的魅力,得到充分的享受。有些餐厅甚至将文物陈列在室内,突出古老文化的浓厚气息,使餐饮与文化相互交融,营造出和谐的文化氛围。

目前,社会大环境对各行各业的要求整体提升,作为传播文化的博物馆,确实应该尽快放下架子,走出象牙塔,在不背离传播文化初衷的基础上,拓展陈列展览内容的空间,注重一般民众的实际需求,在陈列展览选题上,真正做到为大众服务。大众喜欢的陈列展览内容,应该成为陈列展览选题的标准和依据,博物馆陈列展览选题的空间应从有限到无限。

理想的博物馆陈列展览选题,应该是专门为某一特定的观众群服务的。陈列展览服务对象从年龄上划分为儿童、青少年、成人、老人;从性别上划分为女性、男性;从职业上划分为专业、非专业;等等。未来博物馆陈列展览的选题应该更加人性化。当社会发展到物质极大的丰富,可以最大限度地满足人们精神需求的时候,博物馆陈列展览也将带给人们最大限度的精神享受与慰藉。

三、选题确定

博物馆陈列展览选题在经过方向及范围确定后,就进入陈列展览选题确定的阶段。陈列展览选题的确定,主要有以下六个方面。

(一)政府支持

陈列展览选题的确定对于非民营的博物馆来说,上级主管部门的认可是前提条件。因为,这些博物馆主要的陈列展览运作经费来源于上级管理机构,而且,在人事安排、机构设置、发展方向、管理理念、宣传口径等方面,也要依据上级管理部门的精神去落实。因此,非民营博物馆陈列展览选题,在很大程度上需要经过上级主管部门的批准后才能落实。只有上级主管部门批准的陈列展览项目,才会得到政府拨给的专项经费,陈列展览项目才能真正实行。

博物馆要想让自己所选的陈列展览选题得到上级主管部门的认可,就一定要做好陈列展览选题的方案,以明确的陈列展览目的和意义及翔实、准确的陈列展览资料,争取陈列展览选题被顺利批准。

（二）社会调查

博物馆陈列展览成功的基础在于陈列展览选题的准确，而如何确定好的选题，社会调查应该是最好的方式。通过社会调查，可以直接了解社会中各个阶层、不同年龄、不同性别等人群的喜恶，从而策划出成功概率较高的陈列展览选题。

博物馆社会调查主要有三种途径。第一种是在馆内设置相关的平台，如在展厅中设置观众意见簿，请观众对陈列展览内容提出意见和建议。首都博物馆新馆在展厅中均设置了观众留言簿，可以快速、便捷地了解观众参观完陈列展览后的真实感受。观众留言簿为完善陈列展览提供了最直接的交流平台，成为博物馆一项宝贵的精神财富，它是鼓励、警示、启发博物馆不断进步、发展的最丰富、最有力的源泉。第二种是博物馆通过媒体，如报纸、电台、电视等渠道向社会征询有关陈列展览的意见。第三种是到企业、机关、学校等单位，了解不同层次的人们喜爱的陈列展览内容。

通过社会调查，博物馆可以真实地了解普通大众的心理需求，更加有针对性地确定陈列展览题目，并对陈列展览的预期效果有一定的把握。因此，社会调查在确定陈列展览选题上是一个十分重要的、不可缺少的环节。

（三）专业咨询

专业标准是博物馆陈列展览一定要遵循的一个准则，它是衡量一个博物馆陈列展览水准的主要标志。陈列展览的运作，从开始就要咨询相关专家的意见，特别是专业性比较强的陈列展览，更要在确定陈列展览选题上征求专家的意见，把握好陈列展览主题，以确保陈列展览定位准确。

一般博物馆在陈列展览运作中，都会将注意力放在陈列展览大纲内容的写作上，会咨询相关专家的意见，但在陈列展览选题的确定上，却往往忽视了这一点。实际上，专家对相关专业有深入的研究，了解这一专业目前研究的动态，能够敏锐地抓住要点，对于确定陈列展览选题会有很大的帮助。

博物馆业如果能够认识到专业咨询的重要性，就会摆脱目前只以馆藏优势及博物馆性质来确定陈列展览选题的简单做法，使陈列展览选题递升一个新的层次，更加具有专业的高度和水平。同样一个内容的陈列展览，会因陈列展览选题的切入点不同，得到不同的实际效果。具体而言，同样的文物，站在何种角度去展示它，其意义不同，因此在策划陈列展览选题时，一定要咨询专家，使陈列展览选题的确定具有专业水准。

目前，博物馆在陈列展览运作上，还没有形成统一的行业标准，也正因如此，专业咨询就显得尤为重要，应该在陈列展览选题的确定上充当重要的、主要的角色。

（四）业内讨论

业内讨论是指在博物馆工作人员中寻找陈列展览选题的答案，而社会调查是征询博物馆之外大众的意见。这种内外结合的方式，对于陈列展览选题的确定更具有实际的指导意义。

准确地说，业内讨论的概念是博物馆同行之间工作经验的交流，而这些经验是经过实践检验后形成的理念，是非常宝贵的精神财富，因此，陈列展览选题的确定一定要经过业内的讨论，并且得到共识。

所谓业内的讨论，应该分不同的层次进行。一方面，需要将同行业中的佼佼者会聚一堂；另一方面需要第一线的普通工作人员的参与。业内讨论应该是博物馆中不同职位、不同专业、不同部门的人员，就陈列展览选题展开的充分讨论。通过广泛的交流，找到问题的真正所在。正所谓，集众人智慧之钥，开陈列展览选题之锁。陈列展览选题的确定应该是建立在理论与实践相结合的基础上，专业咨询与业内讨论正是理论与实践相结合的过程。

业内讨论不能走过场，应该是实实在在地、认真地进行；不能只倾听少数人的意见，应集思广益。作为博物馆工作者，每个人都有责任和义务为陈列展览添砖加瓦。业内讨论是一个需要耐心、细致、深入的工作，虽然看似微不足道，但如果能够认真坚持去做，一定会收到意想不到的结果，会对我们的事业有很大的帮助。行业统一标准，也是建立在这些点点滴滴的工作积累中，最终才能形成。

（五）科学预测

博物馆陈列展览选题的确定要具有科学性，即实际可行性。博物馆从客观的角度，运用各种可以参考的数据、文字等资料，分析出所选陈列展览选题可能会出现的预期效果，使陈列展览选题的确定更具有科学性。今天，博物馆应该充分运用科学的手段，借鉴其他行业先进的运作模式、管理方式，从而保证陈列展览选题的确定具有前瞻性。

陈列展览的科学预测实际上就是找出陈列展览工作中存在的客观规律，在这个基础上产生优选陈列展览方案和选题。

（六）展品支持

陈列展览主题是展览选题的精神，展品则是它的物质基础。因此，展品在陈列展览选题的确定中发挥重要的作用，它是陈列展览选题最终确定的支点。

展品的含义包括数量、等级、价值、特色、类别、形式等方面，仅仅包含其中一项内容，无法承担起作为博物馆意义上的具有一定水平陈列展览的展品这一重任。具体而言，展品不能仅靠数量取胜，要有一定的等级或价值来支撑；仅有价值也不行，还要有特色；而且，展品的多种类别及形式也是丰富陈列展览内容及提高陈列展览层次的重要手段……因此，综合、比较全面地了解可选择的展品，是确定陈列展览选题的重要内容之一。

博物馆陈列展览选题，需要经过策划、论证、确定三个阶段。它们之间相互制约，缺一不可。陈列展览选题的论证阶段，则需要本着合理、求实、细致、科学的态度，保证陈列展览选题的准确性及可行性。论证的过程就是对陈列展览选题的再思考及再认识过程。论证阶段中比较重要的是，理智选择参与人。既要有专业的水平，又要保证相关范围人员的参与，总体要具有行业标准及普遍性。

陈列展览选题的确定是整个过程的最后阶段。在具备了充分的对陈列展览选题论证的基础上，最终确定陈列展览选题。

四、选题的重要性

博物馆在确定举办陈列展览之前，要经过细致、规范、有计划、科学的陈列展览选题过程。在陈列展览选题上兴师动众，是因为在整个陈列展览运作过程中，其占有十分重要的地位。只有在陈列展览选题上保证最大限度的可行性，才能为今后陈列展览的具体运作、陈列展览的结果及产生的影响，奠定良好的基础，保证陈列展览的成功。

（一）陈列展览的可行性

经过科学、规范的陈列展览选题，可以保证陈列展览实施的可行性。陈列展览选题的失误，会直接造成陈列展览无法正常运作，更严重的会使陈列展览根本无法落地。陈列展览选题可以事先客观地考虑陈列展览可用文物、陈列展览运作经费、观众对陈列展览的意见等与陈列展览有关的诸多因素，使陈列展览的运作具有可行性。如果盲目地以先入为主的观念来确定陈列展览选题，则难免出现十分尴尬的局面。

有些博物馆在对陈列展览选题未做充分、科学研究的基础上，就草率地确定陈列展览题目。有些甚至连陈列展览的主角文物都没有落实，或者许多上展文物是博物馆之外的藏品，需要与文物所有者协商借展，在未确知对方是否借展的情况下，就盲目确定展品，以致这些陈列展览有些文物无法到位，人为地造成展线上"开天窗"。为了弥补这些"天窗"，博物馆只好临时拼凑一些文物或辅助展品来撑门面。另外，有些陈列展览虽然已经开始实施，但因经费不足，只好拆东墙补西墙，勉强将陈列展览拼凑而成。这样形成的陈列展览往往空洞无物、缺乏内涵，会极大地弱化陈列展览的主题，致使陈列展览的效果与举办陈列展览者的初衷产生很大的差距，造成陈列展览的被动局面。

规范地进行陈列展览选题，是避免以上陈列展览失误的关键。陈列展览是否具有可行性，通过陈列展览选题就可以找到正确的答案。

（二）陈列展览的结果

陈列展览举办的结果如何，取决于陈列展览的选题，它是保证陈列展览成功的重要因素。

首都博物馆以往陈列展览的经验也印证了这一点。长期以来首都博物馆都将对北京历史文化的研究作为主要课题，同时在文物收藏上也有所侧重，因此，在选择表现有关北京历史文化的题材上，就具备了一定的优势及基础，为策划相关陈列展览的选题，奠定了成功的基础。正是这些选题的准确性，使首都博物馆推出的相关陈列，都取得了比较好的结果。实际上这些陈列的选题也是首都博物馆业务研究的一个阶段性成果。

因此，陈列展览结果的好坏，取决于陈列展览选题是否正确。陈列展览选题决定了陈列展览的最终结果。

（三）对陈列展览的影响

陈列展览选题对陈列展览的影响，不仅是陈列展览结果这一个点上的印记，而且是陈列展览之后在社会上产生的作用和影响。从博物馆职能上讲，通过陈列展览传播文化与知识，影响参观者的精神世界，宣传及弘扬社会所倡导的精神文明。这种影响有利于社会的发展与进步，使整个社会形成崇尚知识与文化的氛围，从而最终达到理想的和谐社会。而对于博物馆来说，最大的影响就是扩大了知名度，提升了博物馆的地位。

成功的陈列展览会产生从地域到时间更广泛意义上的影响。所谓地域，就是陈列展览会影响到不同的地区，甚至是国外——那些走出国门的展览，其影响的重要意义在于将中国古老的文化及文明传播出去，让世界真正了解中国。从时间上说，成功的陈列展览具有延伸性，不只是一个时段，它会产生和经典文学作品问世后同等的效应，会作为一个博物馆的保留项目，吸引广泛的关注，成为博物馆的品牌。

总之，博物馆陈列展览选题是陈列展览的生命，非常重要。它的意义在于使陈列展览具有可行性，产生好的结果，并对社会、对不同阶层的人产生深远的影响。

第二节　博物馆陈列展览的内容设计

博物馆陈列展览是博物馆业务工作的主要内容之一，它是博物馆发挥传播文化职能的载体和桥梁。在确定陈列展览选题之后，就进入了陈列展览的具体运作阶段，包括前期准备、确定主题、资料准备、撰写陈列展览大纲、陈列展览大纲审定等。

一、确定主题

陈列展览选题确定后，在进入陈列展览运作阶段前，还需要对陈列展览的主题进行认真、细致、深入的研究及讨论，要准确把握陈列展览的主题，做到研究透彻，论述清楚。陈列展览主题实际上就是陈列展览大纲的中心思想，即陈列展览的灵魂。只有认清陈列展览的主题思想，厘清陈列展览大纲的撰写思路，才能写出条理清晰、中心突出、具有特色及水平的陈列展览大纲。陈列展览主题的确定一般需要经过充分的论证。

（一）论证主题

首先，主题的论证应该本着科学的态度，在具有充分论据的基础上进行。其次，论据的内容，应该是多角度、多层次的，不仅要考虑领导的意见，而且应该充分倾听专家、学者的建议，使陈列展览主题的立意具有学术水平、具有特色及时代精神。最后，在充分认识陈列展览主题的基础上，形成理论与实际相结合的主题论证意见，为陈列展览大纲的撰写打下坚实的基础。

例如，首都博物馆新馆基本陈列，在撰写陈列大纲前，就进行了认真、深入的主题论证，并在撰写陈列展览大纲的过程中，不断加深对陈列展览主题的理解和再认识。这种注重陈列展览主题的思维方式，目的是使陈列展览大纲的撰写始终处于正确的方向，不至于中途偏离。

（二）确定主题

陈列展览主题经过科学的论证，并且得到领导、专家、业内同行的认可后，才能最终确定。陈列展览主题一经确定，就应成为陈列展览大纲撰写中应遵循的根本原则，不能有半点模糊和动摇，可以说陈列展览主题是指引陈列展览大纲写作的一盏明灯。

二、准备相关资料

依据陈列展览主题撰写陈列展览大纲之前，要对陈列展览所涉及的内容进行充分的资料准备。陈列展览资料准备的范围主要包括理论基础、研究动态、文字资料、文物资料、照片和图片资料、多媒体设备内置资料等。只有在进行了扎实、认真、详细、周密的陈列展览资料准备的基础上，经过对陈列展览资料的整理、思考与研究，陈列展览运作才能真正进入陈列展览大纲的创作阶段。谈到陈列展览资料的准备，应该强调时间上的可行性，如果陈列展览资料的准备过于仓促，缺乏必要的积累、研究，就容易造成陈列展览大纲的写作缺乏深度，缺乏最新研究成果，特色不鲜明，重点不突出。因此，陈列展览资料的准备需要一定的时间，它是一个循序渐进的过程。另外，坚持科学的工作方法是陈列展览工作中一个重要的原则，它是保证陈列展览工作顺利进行的关键。

（一）理论基础

陈列展览资料的准备首先是对相关理论基础的研究，理论是一切实践的基础，有了坚实的理论基础，才能在大量陈列展览背景资料面前得心应手。理论基础一方面靠借鉴相关领域国内外专家、学者的理论研究成果；另一方面靠业务人员平时对陈列展览选题内容理论上的知识积累及不断地学习。在陈列展览内容上的突破和创新，一定是在新的理论研究基础上才能产生。一般博物馆陈列展览的业务人员，由于工作的性质，在陈列展览实践上有丰富的经验，但对于理论研究相对滞后，这种状况需要尽快改变。

首都博物馆新馆陈列展览，就是在借鉴了多年来国内外，特别是北京相关专家、学者研究的基础上，以及在本馆业务人员研究的基础上产生的结果。它包括有关北京历史、文化及馆藏文物，例如书画、瓷器、玉器、铜器、佛像、钱币、金器、陶器、印章、文具、银器、丝织品、石刻、民俗等专项的研究。

（二）研究动态

陈列展览选题内容研究的现状，是陈列展览大纲写作前需要清楚了解的背景资料之一。只有掌握了最新的研究动态，而且是业内认可的研究成果，才能使陈列展览内容的表现和展示处于领先水平。要在陈列展览上处于领先水平，不仅仅是指展厅装修、照明设备、展柜、多媒体设备等展览的硬件，而更主要的是陈列展览内容要表现公认的、最新的研究成果。关注相关领域的研究动态，是博物馆重视理论研究，具有学术水平的体现。博物馆的陈列展览代表了它的研究水平，只有将最新研究成果以陈列展览的形式具象地展示出来，博物馆的研究水平才会真实地展示出来，并得到社会及同行的认可、欣赏。因此，了解最新的研究动态是陈列展览大纲写作前一个重要的知识储备，也是博物馆陈列展览中一项十分重要的、不可缺少的工作。

（三）文字资料

陈列展览资料准备中最大量的一项内容就是相关文字资料的收集，实际上是撰写陈列展览大纲人员就相关内容，通过阅读大量文字资料，在内心储备足够的养分，为撰写陈列展览大纲打下深厚的文字信息资料基础，它包括有关陈列展览选题内容比较全面的基础知识及研究资料、相关文物的介绍及研究资料、博物馆业内相关内容的陈列展览资料，等等。

（四）文物资料

陈列展览资料准备中比较重要的是文物资料的准备，即要充分了解陈列展览中实际有多少文物可以上展，这一方面要清楚地了解陈列展览选题在本馆内有多少文物藏品可以上展；另一方面要了解在馆外有多少文物可以借展或复制。总之，要对陈列展览选题内容的相关文物有一个比较全面的了解，做到心中有数。这种对文物的广泛及深入的了解，需要陈列展览大纲写作者，特别是具体负责陈列展览文物的人员，做相关的调查。这种调查不应仅仅局限于博物馆内或依赖文字记载，而应该走出去，做广泛的社会调查，使陈列展览在文物的展示上尽量做到相对丰富且有特色。

首都博物馆新馆陈列展览在文物的选择上，首先立足于馆藏文物，同时，对北京地区相关的重要文物也做了深入的调查，确认了这些文物的收藏单位和地点，为丰富陈列展览文物奠定了基础。

（五）照片、图资料

陈列展览除了以文物为陈列展览的主角外，还有一些重要的陈列展览内容因缺乏文物，通过照片、图来加以展示。因此，这些资料就需要陈列展览大纲写作者，在撰写陈列展览大纲之前了解清楚，是否具有相关的照片及图；在已确定具备的情况下，作为陈列展览大纲背景资料进行储备，保证陈列展览主题能够比较全面的展示。

（六）多媒体设备内置资料

现代博物馆陈列展览越来越注重新技术的应用，利用新技术扩大、延伸博物馆陈列展览展示的空间及效果，以及与观众互动的空间及效果，使陈列展览展示的手段多样化、立体化，通过科技手段虚拟真实场面，在有限的展厅空间里极大地扩充陈列展览的信息量。目前，最常见的技术手段就是多媒体技术。作为陈列展览大纲的写作者，需要了解多媒体技术在博物馆陈列展览中应用的可行性及范围，并针对陈列展览的需要，选择适宜的多媒体项目作为陈列展览的辅助展示内容。对于多媒体项目中可能涉及的有关资料（文字、图片等），陈列展览大纲写作者要进行全面搜集，为多媒体项目的制作做好充足的准备，从而有力地支撑起多媒体演示空间的舞台。

三、撰写陈列展览大纲

撰写陈列展览大纲是陈列展览实施的第一步，好的陈列展览大纲是成功的陈列展览必备的前提。在撰写陈列展览大纲之前，需要制定撰写的标准。陈列展览大纲的创作者应该按照规范的要求进行写作，从而保证陈列展览大纲的严谨、科学，并具有较高的水平。

（一）撰写标准

陈列展览大纲的撰写需要确定以下标准：第一，确定体例；第二，确定文字撰写标准；第三，确定选择文物标准；第四，确定选择辅助展品标准。

1.确定体例

陈列展览大纲的撰写标准首先需要确定的是陈列展览大纲的写作体例，即编写的格式。一般的陈列展览大纲文本包括以下内容（按顺序排列）：一级标题（陈列展览总题目）→前言（概述整个陈列展览内容的文字）→序厅陈列文物或辅助展品→二级标题（各部分标题，按顺序分别撰写。一般陈列展览只设二级标题，也有根据陈列展览内容需要设三级、四级标题的）→"二级标题"下陈列的文物或辅助展品（按顺序分不同部分撰写）→陈列展览结束语（有些陈列展览不设）。

2.确定文字撰写标准

陈列展览大纲撰写前，要确定文字撰写的标准，保证陈列展览大纲行文规范、专业、特色、准确、统一。这些标准主要涉及的内容包括语言风格、专业术语、纪年表示法、字体及字号、符号使用、前言、标题说明、文物说明、辅助展品说明等。

3.确定选择文物标准

文物是表现陈列展览内容的主要载体，在陈列展览大纲中扮演着主要的角色。因此，陈列展览大纲选定文物的标准十分重要，它决定了上展文物的选择。选择文物的标准主要包括以下内容。

①与陈列展览主题和内容紧密联系。

②适合陈列展览的类型及性质。综合性陈列展览与专题性陈列展览在选择文物上有所不同。其中，前者在文物的选择上，以能够表现陈列展览主题为基本要求，文物只是表现陈列展览内容的载体；而后者突出的则是文物本身，在文物的选择上应以精美为主。

③根据展厅的面积、高度、承重进行选择，这些因素决定了上展文物的数量、大小及重量。

④从丰富陈列展览内容的角度出发，选择文物应尽量全面，在符合陈列展览主题的前提下，可以考虑不同时期、不同地区、不同类型、不同体量、不同质地、不同色泽、不同工艺，出土文物、传世文物等诸多因素，将文物的价值、等级、大小、类型、用途、艺术特色、工艺特色等充分体现出来。

⑤以博物馆馆藏文物为选择的主要对象（引进展览除外），如果馆外相关精品、重要文物可以确定借展，那么就将其可以作为丰富、提升陈列展览内容的一个好的选择。

具体到陈列展览大纲撰写者在选择上展文物时，首先要全面地了解博物馆馆藏相关文物的收藏情况，即上展文物的全面信息。这些信息主要包括文物名称、文物质地、文物尺寸、文物重量、文物完残情况、文物等级（一级、二级、三级、参考品）等。在掌握了这些文物资料的基础上，还要对馆外文物，主要是一些与陈列展览内容有关的重要的精品文物，有一个比较全面的了解，并将这些文物的相关资料收集到位，以作为陈列展览的备选文物。然后根据文物选择的标准，对现有文物进行筛选，确定上展文物目录。

在确定上展文物这一环节，一定要从实际出发，不能盲目乐观。如果将文物的选择范围搞得过大，难免就会造成陈列展览文物落实上的困难。如果最终文物无法到位，将会影响陈列展览的展示效果。

4.确定选择辅助展品标准

辅助展品在博物馆陈列展览中具有广泛的施展空间。虽然博物馆陈列展览首先是以文物为主角展示陈列展览所要表现的内容，但各博物馆的文物收藏受博物馆及文物本身特性的局限,当陈列展览中重要的、不可缺少的内容没有文物可以表现时,就需要通过辅助展品来加以弥补。

所谓辅助展品一般包括照片、图表、拓片、壁画、复制画、模型、沙盘、景观、多媒体设施等。它们可以极大地拓展陈列展览内容的空间与范围,同时使陈列展览内容形式丰富多彩,更具吸引力;在视觉上产生多层次、多角度、多立面的效果,在听觉上使观众产生身临其境的切身感受;把展厅活化成立体的展示空间,达到展示的最佳效果。

辅助展品的选择要根据陈列展览的需要确定。在陈列展览中不可缺少,但用文物又无法完整体现的内容,就需要通过制作景观、模型等辅助展品来充实完善。还有一些无形的文化遗产,如戏曲、音乐、影视、语言等,可以通过多媒体技术进行演示和播放。这些辅助展品在陈列展览中的价值与文物一样,是陈列展览内容中不可忽视的重要组成部分。它们以精湛的技术、惟妙惟肖的造型、动感的图像,展现出中华民族悠久的历史与灿烂的文化。

首都博物馆新馆民俗陈列在表现商业的陈列内容中,将过去的叫卖声由人艺的专业演员表演并录制下来,还原了历史的本来面目,带给观众一个全新的体验,使其感觉既新奇又亲切。

另外,为了帮助观众更好地参观陈列展览,需要对一些特殊的文物进行必要的辅助展示。例如,玉器专题陈列,文物体量较小,精美的纹饰,难以用肉眼直观地看清楚,因此,在陈列展览大纲中特意为部分玉器文物加配纹饰展开图,以此突出该文物独特的艺术魅力。

陈列展览中互动项目的设置,也是重要的陈列展览辅助手段。互动项目可以拉近陈列展览与观众的距离,使观众在参与中得到享受,在娱乐中更深地体验展览。

辅助展品中最突出的是新技术的应用,例如多媒体技术的应用,将表现陈列展览内容的音频、视频、文本等多种信息,通过计算机展现在观众面前,令人耳目一新。特别是利用多媒体技术完成的虚拟现实及多维仿真图形在陈列展览中的应用,极大地提升了陈列展览内容的空间及作用。

其实,只要是对陈列展览及观众有益的内容,都应该划入辅助展品的范畴。例如,在展厅中设置人性化服务设施,也是拓展陈列展览内容的方式之一,可以称其为辅助展品。因为,只有观众在参观陈列展览时感到惬意和舒适,他们才会在展厅中停留更长的时间，才能加深对陈列展览的了解与关注。所以，对于人性化设施的理解及应用，应给予充分的重视。

人性化服务内容主要包括陈列展览内容简表、陈列展览导览图或表、陈列展览参观路线图、各种醒目的引导标识、人工自然景观的营造、展厅背景音乐及背景照片、相关陈列展览内容册页或图册、语音导览系统等。总之，博物馆应在力所能及的范围内，为观众营造一个服务周到的陈列展览环境。

（二）撰写内容

撰写内容主要包括陈列展览总标题、前言、陈列展览分几部分及部分所占比例、各部分标题、各部分说明、文物说明、辅助展品说明、结束语，应根据确定的统一标准进行。

1.确定陈列展览总标题

陈列展览总标题（一级标题）是以陈列展览主题为基点，对陈列展览内容的浓缩、提炼及概括，同时体现陈列展览的类型。

一般情况下，陈列展览总标题的酝酿、雏形、提炼、确定，流程如下：最初的陈列展览立项时所界定的大概理念，经过陈列展览主题的论证，理清思路，确定陈列展览的内涵，形成在理念上定位准确的初步意见；在经过陈列展览大纲的写作，通过撰写过程中的再认识，将陈列展览内容消化吸收，融会贯通，在成型陈列展览大纲的坚实理论基础上，经过相关领导、专家、业务人员的充分交流、讨论，以准确的定位，运用贴切、精练的文学修辞，形成最终的总标题。

总标题是在不断认识的过程中，经过反复研究、修改、完善而形成的产物，不能一锤定音。任何理论概念的建立都需要扎实、深厚的实践基础作为保证。鉴于陈列展览总标题对于陈列展览的重要性及撰写上的难度，在具体运作时应非常慎重，仔细斟酌，反复推敲，群策群力，以求尽量达到完美。

首都博物馆新馆基本陈列，包括北京通史陈列和民俗陈列在内的七个专题陈列，在陈列大纲写作完成时，陈列的总标题仍然待定，一直到最后陈列制作时，才最终确定。之所以这样做，是因为陈列总标题在陈列中占据举足轻重的地位，需要慎重考虑，因此要尽可能留下充足的酝酿时间，多一些思考，少一些遗憾。

2.撰写前言

陈列展览前言或称序言是一个陈列展览的引子，是整个陈列展览的概述。通常位于展厅入口处。前言的作用主要包括两个方面，一方面通过它，观众可以了解陈列展览的基本内容；另一方面它是通向陈列展览的一扇大门。如果观众看到的是一扇精美的门，他们就会推开这扇门，想了解门后的世界。因此，前言是吸引观众参观陈列展览的一项十分重要的内容。

前言的撰写既要揭示陈列展览内容的精髓，又要具有文采，在整个陈列展览大纲的写作中，起到画龙点睛的作用。语言风格应代表陈列展览大纲的总体风格，文字尽量优美、精练、概括。不同的陈列展览，前言的内容及风格也有所不同。考虑到观众参观陈列展览时的方便及舒适，前言的字数也有所限制，不能过长，一般在300字左右。

另外，同一博物馆中相同类型的陈列展览，前言的撰写风格、体例、字数应相对统一，以表现出博物馆陈列展览的整体概念，形成一个相对统一且完整的博物馆陈列展览语言的设计思想和灵魂。如果一个博物馆陈列展览设计到位，对于每一个来到博物馆的观众来说，都能感受到无处不在的博物馆陈列展览理念及形象的展示与弘扬。

3.确定陈列展览分几部分及各部分所占比例

陈列展览前言（序厅）后即陈列展览内容的展开部分，一般分为几个部分，通过各部分内容，从不同角度、层面、年代等揭示陈列展览的主题。这种分部展开陈列展览主题的形式，就是将陈列展览内容分解，使陈列展览主题的诠释更加清晰、全面、循序渐进，便于观众理解。

确定陈列展览分几个部分，需要综合考虑，主要有以下因素。

①表现陈列展览主题的主要及重要内容。
②可以上展的文物量及类型。
③展厅面积。
④陈列展览经费。

那些对陈列展览主题起主要烘托作用，同时又有足够的精美文物可以支撑的部分，必然会成为陈列展览中的重点，所占比例最大，而其中决定占优比例的关键是文物。各部分所占比例从大到小的顺序，按照各部分的作用和文物情况排定。

对于陈列展览内容范围较大、文物较多、层次较多的陈列展览部分，为了细化内容，可以在各部分（二级标题）下再分若干子目（即展览的三级标题）。

4.确定各部分标题

各部分所设标题，即陈列展览总标题（一级标题）下设定的二级标题。在陈列展览中分多少部分，就相应地设多少同级标题。以标题为陈列展览各部分的起点，使展线明朗、清晰、有条理。

一个陈列展览的二级标题需要根据该部分陈列展览内容的特性来确定，文字风格应鲜明、精练、务实。它与陈列展览的一级标题不同，一级标题更加侧重概述性的内容，而二级标题则要有具体的内涵，即前者是相对泛指，而后者是有所指。

5.撰写各部分说明

各部分说明是串联整个陈列展览大纲内容的线索，它们构成了陈列展览大纲的框架，集结不同性质、类别、用途、年代的文物或展品，展示出不同层面、角度、范围所要揭示的内容，共同成就陈列展览大纲的主题。

各部分说明与陈列展览前言（一级标题下的说明）不同：前者是针对各部分内容的说明，更加具体化，从陈列展览内容的不同层次、不同角度进行阐述；后者揭示的是整个陈列展览的主题，概括陈列展览的理念。如果说前言是对陈列展览内容宏观的描述，那么各部分说明就是对陈列展览内容分解后的微观描述。

在撰写各部分说明时，要注意侧重点的不同。在概述本部分内容的同时，要突出自身特色，注意文字精练，风格与展览大纲整体一致。注重实质性，回避修饰性。各部分说明的字数一般比前言少，在200字左右。而且，同级的各部分说明在体例、字数、风格上要保持相对一致。

6.撰写文物说明

文物说明的撰写是陈列展览大纲写作中文字量最大的部分，也是观众最关心的部分，因此至关重要。其文字风格除了要保持与陈列展览大纲总体风格一致外，还应该侧重对文物本身特色的描写，突出文物的价值及工艺特色。例如，首都博物馆新馆专题陈列的文物说明，在追求精练、通俗原则的基础上，还注重对相关文物工艺特色的突出描绘。

文物说明写作的体例，基本要素包括文物名称、年代、出土地点、用途、收藏单位等。一般文物说明还包括对文物的历史、艺术价值、工艺特色等的基本介绍，字数在100字左右。而重点文物说明，在字数上没有严格的限定，以能够充分说明文物为目的。

对于陈列展览文物说明的撰写，国内博物馆没有统一的标准，但多追求文字表述上的精练及通俗，忌讳繁复及晦涩。在目前博物馆界倡导以人为本的陈列展览理念的前提下，文物说明的撰写，会朝着这一方向进一步发展与完善，以更加适于观众品位的形象出现。

7.撰写辅助展品说明

辅助展品是弥补陈列展览文物缺环、增强陈列展览效果、烘托陈列展览氛围、促进陈列展览与观众互动、帮助观众理解陈列展览的重要手段。一般辅助展品的说明以展品名称为主，如背景图和照片等只写名称。一些需要特殊说明的辅助展品才有具体内容，如陈列展览的互动项目，就需要介绍具体的操作方法，使观众能够真正地参与其中。另外，如景观、模型等，也需要有简单的介绍。辅助展品文字说明的字数不宜过多，而且要与陈列展览大纲整体文字风格相同，不能喧宾夺主，抢了陈列展览主角文物的光环。

8.撰写结束语

结束语位于陈列展览的最后，是陈列展览的总结与评语，也是陈列展览的装饰与点缀。但陈列展览是否必须有结束语，要根据实际情况而定。

以往陈列展览的结束语很少使用诗歌体裁，但随着陈列展览内容的多样化，以及内容设计人员观念的转变，思路的活跃，富有文学魅力的诗歌形式的结束语，会更多地呈现在观众面前。特别是一些艺术类陈列展览，本身就带有强烈的艺术感染力，再配以诗歌作为结束语，可谓锦上添花。这种结束语可将艺术的浪漫情怀发挥到极致，给观众以无限遐想的空间，让艺术的魅力深深地触动观众的心，令人回味无穷。这是博物馆工作者在陈列展览探索之路上睿智的选择，让每一位即将离开展厅的观众，心中都带走这首诗歌，带走对陈列展览的美好回忆。

总之，陈列展览大纲文字的撰写，既需要理智的缜密，也需要热情的浪漫，两者巧妙结合，最终成就陈列展览大纲的完美。首都博物馆新馆针对陈列展览文字的撰写制定了参考标准。

四、陈列展览大纲审定

陈列展览大纲审定，既可以保证陈列展览主题思想与政治导向吻合，又可以保证陈列展览内容在相关学术领域准确无误且处于领先水平；既可以保证陈列展览大纲文字修辞准确并具有一定文学品位，又可以保证陈列展览文物选择、定名、年代准确。只有规范地经过一系列审定过程，才能创作出具有一定水平的陈列展览大纲，并在此基础上，经过专业形式设计人员的精心设计，最终完成一个比较成功的陈列展览。

（一）专家审定

专家审定陈列展览大纲的目的，是保证陈列展览不出现专业性的错误。陈列展览中所要展示的内容应该是业内广泛认可的、带有普遍意义的、具有权威性的东西。对于正处于研究状态，没有定论，或只是一家之言的内容，在陈列展览中不能出现。

专家审定这一环节，从专业的角度来看，应该是陈列展览大纲审核中最重要的部分。

专家审定，可采取召开专家会议或者将陈列展览大纲直接送交有关专家审定的方式。因为一些专家年事已高或事务繁忙，所以采取后一种方式比较适宜，可提高工作的效率。

选择专家的范围，一般包括两个范畴：一类是博物馆界的专家，另一个是相关内容或专业的顶级专家。

一般陈列展览大纲审定的第一步，是先要得到本系统专家的认可，即博物馆行业专家的认可。审定的第二步，是邀请相关专业的顶级专家在专业上把关。不同类型的陈列展览，选择专家的角度不同，各具特色及专长。

在专家审定中之所以包含以上两个方面的人才，是因为博物馆行业的专家在实际陈列展览运作中，具有丰富的工作经验，熟悉陈列展览大纲的写作要领、基本内容、行文规范等技术要求，熟悉陈列展览运作的整个程序、步骤，以及各个细节。因此，从陈列展览运作的专业角度出发，需要请行业专家把关。涉及陈列展览内容理论方面的研究，就需要借助大学、研究院所等学术单位及团体的专家的大力支持，使陈列展览内容真正能够体现学术研究的最新成果和最高水平。

专家审定完成的时间，取决于工作进展的顺利与否，有时还需要经过反复开会研究，最终才能使陈列展览大纲审定通过。

（二）文稿审定

陈列展览大纲文稿最终完成后，在交给设计单位制作之前，需要进行一丝不苟、逐字逐句的审核及校对。审定工作首先需要邀请相关专业的专家对文稿进行全面的审核，确定从专业的角度及行文上没有错误。然后，根据专家的意见，可以从以下方面对文稿进行校对。

①行文格式是否规范和正确。
②修辞风格是否适于该陈列展览内容。
③修辞是否正确，包括专业定性、概念、术语是否准确，文学修辞是否贴切等，修辞尽量达到优美、概括、简洁、通俗。
④陈列展览前言、各部分说明、文物说明、辅助展品说明字数是否合理。
⑤时间、年代表述是否规范、统一、准确。
⑥标点符号的使用是否准确、统一。
⑦字体、字号、字的颜色是否统一、规范。
⑧需要突出的文字是否采用统一处理方式。
⑨译文是否准确。

文稿的校对需要具有耐心、仔细的工作态度，容不得半点马虎。只有责任心强、专业水平高的工作人员，才能丝毫不差地完成文稿的校对，为陈列展览大纲最终应用于陈列展览设计，画上圆满的句号。

（三）文物审定

对陈列展览大纲选择文物的审定，主要包括以下几个方面。
①文物是否符合陈列展览主题。
②文物是否可以揭示陈列展览的鲜明特色。
③文物选择是否根据陈列展览特点有所侧重。
④文物选择考虑不同的质地，综合性陈列展览在文物的选择上，应注意文物

质地的全面性。只要能反映展览主题，无论是瓷器、玉器、绘画、书法，还是铜器、银器、金器、陶器、印章、石刻、拓印等，都应被列为选择的对象。不同质地文物的入选，可极大地丰富陈列展览的主题。

⑤文物类别比较齐全，在选择文物时，要考虑不同使用功能的文物，不要拘泥于某一类。特别是专题陈列展览，一般都是相同质地的文物，要想使文物在陈列上丰富多彩，就要在文物的使用功能上下功夫。

⑥文物定名是否准确，文物名称一般包括质地、纹饰、色泽、铭文、器型（类别）。在定名时，名称中的基本要素应具备，同时名称内容的顺序要遵循业内的规范及通行的标准。

⑦文物确定的年代是否准确，对上展文物的年代，需要经过相关专业的资深专家来加以确定。这一环节及第⑥条对文物定名的核准，都是体现博物馆文物研究水平的试金石。

具体到文物名称中年代的位置，一般放在文物名称的最前面或最后面。但是在一个陈列展览中，年代的位置一定要统一。

⑧重要文物是否有遗漏，博物馆举办陈列展览，最吸引人的就是文物的展示。每个陈列展览，都存在一个文物候选群体，其中有些文物对表现陈列展览内容来说非常重要，这些文物不可在陈列展览中遗漏，必须在陈列展览中得到充分的展示。

第三节 博物馆陈列展览的形式设计

一、博物馆陈列展览形式设计的作用、原则与阶段

（一）陈列展览形式设计的作用与原则

按我国博物馆陈列展览工作的一般方式，整个工作过程可以分为内容设计、形式设计、施工（包括制作、现场组装和布置）三个大的阶段。内容设计工作的成品——陈列展览脚本，仅仅是设计工作的一部分，主要是靠逻辑思维开展工作的。到了形式设计阶段，则主要靠形象思维开展工作，要求把文字形式的陈列展

览脚本变为形象具体的工作方案，把分散孤立的展品按陈列内容的结构要求加以排列组合，变为有内在联系、能说明情节内容的陈列。所谓形象具体，就是运用图式的工作语言来描述未来的陈列状态。当形式设计人员根据内容设计的要求完成了一整套陈列表现性和技术性图纸绘制工作之后，陈列的设计阶段才算结束。形式设计的成品是陈列图式，以及根据图式绘制的生产加工图纸，这将成为下一道施工作业的依据。所以说，形式设计是连接前后两个阶段工作的中间环节。内容设计如果有什么失误，在形式设计阶段还可以重新提出修改要求并采取补救措施，不致造成太大的损失。但形式设计如果有考虑不周之处，则很可能会造成施工阶段在人力、财力和物力等方面的损失和浪费。可见，形式设计所肩负的责任是重大的，压力也是沉重的。

形式设计工作处在内容设计阶段和施工阶段之间，势必要协调好与上下两个阶段工作人员的业务关系。一方面要与内容设计人员密切合作，在内容设计人员的帮助下，充分理解和领会陈列展览脚本的特殊要求，以便拓展思路，为每一组特定的预传信息找到最恰当贴切的表达手法，并反映在陈列图式中。另一方面，要与施工技术人员密切合作，详细解释制作和选购材料方面的要领和要求，用精确的生产加工图纸和详备的材料选购计划指导有关人员开展工作。施工制作人员是从不同于设计人员的角度来判断事物的，往往并不把陈列设备材料与陈列效果的目标直接联系起来考虑，或者说，他们关心的是硬件，而不是软件。因此，形式设计人员必须详细介绍设计意图，以免施工阶段产生混乱。总之，形式设计人员与内容设计人员的合作是为了确保形式设计的正确性，与施工制作人员的合作是为了确保形式设计的可行性与效果性。可见，形式设计人员是通过自己的工作把各种人员凝聚成一股力量去建构陈列空间的，其起着重要的核心作用。

"适用、经济、美观"这六个字，可完整表达陈列形式设计的原则。

所谓"适用"，是指通过形式设计，运用各种技巧的技术，把陈列内容恰如其分地表现出来，做到形式与内容的高度统一，使陈列体系的结构层次清晰明确。陈列是给观众看的，陈列设计就要便于参观，陈列的布局、线路既要通畅、走向明确，又要便于开放期间的管理；要注意藏品在展出时的安全保护和便于观众流通疏散；既要方便讲解人员导引参观，又要便于展出期间对房屋建筑、设备、道具等的清洁养护。

所谓"经济"，是指有效地使用人力、物力和财力，注意节约。要搞好一个陈列展览必然要花钱，没有一定的投资就无法实现具有一定质量的陈列布置，但有了经费，就应该力争使投资发挥出应有的效果。例如，在设计时注意到市场供应现成规格材料的尺寸，减少切割和再加工，不仅能节省材料，而且能节约劳动力。在安排施工进度时若规划得紧凑而合理，就会减少待工造成的浪费。

所谓"美观"，是指博物馆陈列的形式美应当突出自己的个性和风格。这种形式美是典雅大方、恬静朴素、协调和谐的，反对华而不实的唯美意识，不能搞堆砌。初涉博物馆陈列展览工作的美术人员应虚心向有经验的设计师学习，不要成为自己造型能力的俘虏而做出错误解释的陈列形式设计。所谓做出错误解释的陈列形式设计，表现为感觉性刺激过盛和知识性信息不足的组合体，观看这种陈列展览的观众，其投在陈列展览装饰上的注意力要超过投在陈列展览预传信息上的注意力。

"适用、经济、美观"三者之间有着辩证关系，它们是不可分割的总原则，陈列艺术既是物质的、实用的，又是精神的、艺术的，如果把它们分割开来，片面强调其中任何一点，都将导致设计的失败。所以，"适用、经济、美观"既是设计的指导原则，也是评估设计质量高低的标准。

（二）形式设计的阶段

陈列形式设计可以分为三个小的工作阶段，即设计准备阶段、概念设计阶段、深化设计阶段。这三个阶段的工作是相互衔接而又循序渐进的。

1.设计准备阶段

设计的准备工作不仅要掌握内容设计提供的展览脚本，包括大纲的主题结构和展品目录，还要掌握博物馆的建筑平面图纸。做到"三个熟悉"，即熟悉陈列的主题思想、体系结构和展品情况，熟悉展出环境，熟悉材料的供应情况和工艺加工的技术条件。

设计师熟悉陈列主题思想、体系结构和展品情况是最基本的工作，要对展品做深入细致的调查研究，既要了解展品的历史艺术价值，又要熟悉它的外观造型，还要对主导展品的特殊意义进行构思，以便在背景、座架、展出形式的色彩、位置、照明等方面给予和主题要求相应的处理。至于熟悉程度，最低的标准是，不在眼前可说出其特点，并能逼真地画出器形来，要做到"如数家珍"，以便开展造型构思。很多形式设计师是美术类专业出身,对于文物器形别说熟悉,连名称读音都很陌生,这更加要求形式设计人员了解展品和内容。

熟悉展出环境,包括展厅的平面结构及面积、展厅的壁面结构及面积,展柜和展壁的高度、长度、深度及荷载量,展厅地面材料及设备,展厅自然采光及其构造,照明装置及线路配置等。形式设计人员不仅要对建筑图纸与展厅建筑现场进行复测核对,纠正图纸不符实况之处,还要目测可资利用的旧设备(如展柜和座架、照明装置和衬布、屏风和地毯等),掌握其准确数量。

至于熟悉材料供应情况和工艺加工的技术条件,这是形式设计人员为做好本职工作在平时就要关心的问题,应该说是一种职业习惯。只有时刻掌握市场供应材料的品种、规格、价格、质量寿命等具体行情,才能在设计过程中准确选择使用。对于场景、多媒体等科技手段,更应该深入了解,以便进行辅助设计。

在设计准备阶段最重要、难度最大的就是掌握陈列内容,对内容和意图的理解越充分、越深刻,越有助于设计构思。形式设计人员在进行设计前最好不要急于动手设计,要仔细品读展览脚本,充分理解内容设计人员的意图,然后再进行设计构思。这一方面有赖于内容设计人员尽可能提供完整详备的陈列展览脚本,同时还要依靠内容设计的提示,必要时内容设计人员要向形式设计人员详细解释大纲,就像演出排练时的"说戏"。例如,科学类博物馆的展品价值往往着眼于科学内涵而非外观美,不应让缺乏相关知识的形式设计人员乱猜。有的博物馆让形式设计人员参与内容设计工作研讨,这无疑有助于加深他们对陈列意图的理解。

博物馆陈列展览是内容和形式的结合体,如果形式设计人员既懂相关学科内容又懂美术造型,当然是再理想不过,但兼科学家和艺术家于一身的人才很难得,也很难培养,我们往往不得不退而求其次,极力要求内容和艺术两方面的工作人员密切合作,既懂内容又懂美术造型的设计人员所制作的陈列往往很出色。

2.概念设计阶段

概念设计(concept design),是陈列展览设计的一个核心概念,但并没有一个完整的定义可以框定概念设计的维度与广度。在陈列展览形式设计阶段,它是一种设计想法的探索,从最初的概念出发,可以进一步挖掘形式设计的风格,并逐渐将设计想法成形。这是形式设计人员自我思维转变的过程,而如何激发这种思维模式至关重要。

陈列展览形式设计首先是一套满足陈列展览脚本需求的解决方案。首先提出一个概念，这个概念要满足陈列展览脚本的诉求。所以，在提出概念之前，详尽的调查必不可少。

根据这个概念，延伸到设计方案的具体化，就是策略阶段。例如针对地方历史通展，我们要依据地方自然环境、社会环境、人文元素、陈列展览脚本内容、博物馆需求等提出设计特性。每个特性都有对应的设计手法，这些设计手法与方案的有机融合就决定了设计的深度与质量。

概念设计就是将文字计划具体化，从内容到形式，统一安排、统一平衡、统一色调，全面地进行布局。概念设计的构思往往是在准备阶段"三个熟悉"的过程中就逐渐孕育形成的。概念设计可以沿着由大到小、由粗到细的思路分为以下三个步骤。

（1）进行总体布局规划，确定陈列展览的参观线路

这是一项把整个陈列的重点和博物馆展厅可能提供的容纳量两者加以统一的工作，根据陈列主题结构和逻辑顺序，因地制宜地使用陈列空间。根据展厅建筑特点，决定陈列如何开头、如何结尾、如何分段，每个段落、每个展厅如何突出重点，还要考虑确定陈列展览的主线和副线等问题，从而制订适当的陈列参观线路。这个步骤的工作结果就是在展厅建筑平面图上对空间做出了轮廓性的段落划分与布局，其依据主要是展品的总量和陈列密度标准。

（2）确定陈列展览的基本表现形式

根据陈列内容和展品的性质、特点，制订设备的排列计划。例如绘画陈列需要用大量的墙面；珍贵的古代书画要用书画柜或大通柜；古代文物陈列要用玻璃橱柜加以保护；革命史陈列一般较多文献和图片、手稿和文物，既要用立柜、中心柜，又要用桌柜与陈列版面相结合；等等。

（3）确定陈列展览的整体艺术风格和气势

不同性质的博物馆对风格气势应有不同的要求。不同的陈列展览，要求也不一样，但每一个陈列展览都应根据展示内容和展品特点来确定相应的风格和气势：主要通过总体色调、设备的式样、采光照明方案以及装饰手法等反映出来。

在概念设计阶段，形式设计人员要有全局观念，展览前区、门厅、序厅等都应该做重点考虑，不能只看到主体展厅。

展览前区，指博物馆建筑的外部空间环境，有的馆前面是广场（如上海博物馆），有的是草坪（如南京博物院）等。专门设计的博物馆建筑大多有附属的前区空间。

展览前区是观众经过的第一个点，应该设法创造出某种气氛，使观众产生第一印象。以往总是把前区划为花匠和清洁工的工作范围，对该区域赋予信息功能的考虑不够，大大降低了前区的价值。

门厅是联系展厅与外部环境的过渡场所，是观众进入博物馆建筑内的第一个点，他们在这里集散，因此它也是引导观众参观，开展咨询业务的地方。在西方国家，门厅除了这些功能，它作为一个场所，也是文化界和政界社交的场所。西方常在博物馆门厅举办招待会或酒会，因为他们感到这里是有文化、很体面的地方，所以有些博物馆的门厅很宽敞。门厅虽还不是陈列内容的开始，但观众在参观前后想要询问的问题之多，不亚于陈列室。所以，门厅是集中开展咨询业务的理想场所，不少博物馆都是在门厅设置咨询台，解答观众提问。在一些专题博物馆，往往把最显眼的藏品或新征集品放在门厅里展出，例如，自然博物馆在门厅里放一具珍贵的恐龙化石或大象标本；民族学博物馆在门厅里陈放一件高大的印第安人图腾彩绘；纺织博物馆在门厅里放一件大型织机等，起到画龙点睛的作用，引发观众的求知欲望。

再者需要重点考虑序厅。序厅是博物馆陈列展览的入口门面，是观众观看某个陈列展览的第一眼，起着至关重要的作用。序厅的设计要切题、简练、不落俗套，力争走前人没走过的路子，要有新鲜的吸引力。这些都有赖于设计者对主题思想有深刻的理解，从中归纳出一种典型的视觉符号，做到画龙点睛。具体来说设计要做到以下几点：第一，序厅是破题，要将展览脚本中的展览主题特色鲜明地突出；第二，序厅要能够呈现空间特征，即力求体现地方的特色与历史文化，让观众在展览入口处对地域特色有所了解；第三，序厅要尽量表现时间特征，让观众在进入整个展览参观前有时间轴线的初步概念。

通常来说，一套完整的总体概念设计方案包括平面布局、参观动线、效果图、配套设计等几个部分。

平面布局图是陈列展览平面布置方案的一种简明图解形式，用以表示设施、设备、展品等的相对平面位置。环境不能创造人的行为，但它可以鼓励或限制人的行为。其实平面布局的目的就是形式设计人员帮助观众规划空间，通过他们的行走更好地理解陈列展览。对于单体的艺术品或文物，根据其自身的体量需要有适合的观看距离和范围，尤其对于稍大体量的展品，应该多留一些空间，并给观众以充分的观赏时间。

参观动线是观众参观展览时的行走线路。一个合理的参观线路能使观众在舒适安逸的心理状态下品味展品。在常规情况下，参观线路由入口开始，保持一定的行走线路。

效果图是通过图片等传媒来表达陈列展览预期的目标效果，现在主要是通过计算机三维仿真软件技术来模拟真实环境的高仿真虚拟图片，其主要功能是将平面的图纸三维化、仿真化。有时在设计时，形式设计人员会先手绘效果图，手绘效果图需要比较扎实的绘画功底，才能够让自己的设计意图表现得栩栩如生。继而形式设计人员会通过一些设计常用软件，比如3Dmax、Sketchup、Photoshop等设计软件，配合一些制作效果软件来表现图形。由于绘图软件的普及，目前很多设计人员重电脑效果图表现而轻手绘效果表现，但往往在现实的陈列展览设计沟通时，手绘效果图表现的作用远远大于电脑效果图，其也是形式设计人员一种能力的体现。

配套设计通常是为了陈列展览方案的完整性与完备性而做的包括展柜、灯光、讲解等初步意向。

总体概念设计方案是形式设计人员表现总体设计意图的一种方式，也是提供给负责人及有关方面审查陈列设计方案的一种形式。有时形式设计人员要做出几种不同的设计方案，供选择和思考。从总体概念方案中容易发现一些较大的问题，例如参观线路安排是否通畅，展品排列疏密度是否平衡，布局是否合理，环境中是否有不安全的因素，整个气氛是否与主题协调等，同时可以对经费投资总量进行初步的预算。总体概念设计的主要目的在于吸收各方面人员对总体设计的意见和看法。在取得各方面的认可或根据意见做出修改之后，总体概念设计工作即告结束，转入下一阶段的深化设计工作。

3.深化设计阶段

简单地说，深化设计工作涉及多媒体设计、展板平面设计、柜内布展设计（展台、展架等）、艺术品（场景、雕塑等）、施工图绘制（施工图部分、电气部分）、系统集成设计等方面。

"设计"一词的本义,就是根据一定的目的和要求所形成的构思和意图,运用符号形象地表现为可视的内容。形式设计人员在完成了上述各种图纸和表格的绘制工作之后,设计阶段的工作也就全部结束了,陈列工作将转入最后的施工作业阶段。

设计工作的结束并不意味着形式设计人员的工作完成,随着形式设计阶段向制作施工阶段的转移,形式设计人员则从案头为主的工作方式转为现场施工组织者的工作方式,并一直工作到施工完成为止。施工阶段的成品就是可以供人们参观的陈列展览。施工阶段是工作最繁忙、最紧张的时刻,体力和脑力消耗都很大,人最疲劳,但也最关键。在施工过程中,各工种人员提出的各种问题会蜂拥而至,设计师必须冷静而耐心地思考、分析和解决各种问题。有时自己还要承担部分制作工作,尤其是在小型馆,形式设计人员往往就是制作人员,要求形式设计人员一专多能。

从上述情况看,形式设计人员不仅要在造型设计方面发挥自己的专长,而且还要扮演施工工程指挥者的角色,考虑到与馆内外各方面人员的关系,还要具备一定的组织管理能力,这方面的工作难度不下于设计本身。

为了预先观看展览的效果,有的博物馆对于设计非常慎重,会先手工制作出展厅的缩比模型。

二、陈列展览形式设计的具体实施

(一)展厅形式设计

展厅是陈列展览的场所,展厅要符合陈列展览内容的要求,首先需要进行基本的装修,主要包括吊顶、墙体、地面、墙或地上的插座、开关、门窗等。

展厅形式设计,主要包括形式设计风格、形式设计内容、展区划分、展线走向、人性化服务设施、采光等六个方面。

1.形式设计风格

形式设计风格是统领整个展厅形式设计的灵魂。形式设计者在进行展厅形式设计之前,要根据陈列展览内容的主题,确定展厅的形式设计风格。除了要反映陈列展览主题外，在表现形式上，还应该具有鲜明的特色。展厅形式设计风格代表了陈列展览内容所蕴含的、主要的文化信息。形式设计者运用专业手段，将体现陈列展览主题风格的元素，设计、贯穿于整个展厅之中，营造出与陈列展览内容相和谐的展厅氛围。这些元素可以通过颜色、材料、文字、图画、照片、音乐、植物等来表现。

鉴于形式设计风格是引领展厅形式设计的关键，而且陈列展览内容及主题决定了形式设计风格的趋向，因此，在形式设计之前，内容设计者首先要对展厅形式设计风格提出建议，以供形式设计者参考。

2.形式设计内容

形式设计内容是内容设计者对形式设计者提出的陈列展览形式设计的范围和内容。它是形式设计者制订工作计划的基本依据。形式设计者除了按照专业的要求完成陈列展览应做的基本设计任务外，还必须尊重并实现甲方（即博物馆）或内容设计者提出的形式设计内容。

3.展区划分

展厅内展区的划分是否科学、合理，关系到陈列展览内容展示效果的好坏。一个展厅，特别是形状不规则的展厅，不同的展区划分，会产生截然不同的效果。

一般陈列展览内容均划分成几个部分，形式设计既要根据陈列展览内容的要求，又要考虑展厅的实际情况，将展厅合理、巧妙地划分为若干区域，并使展厅空间得到充分的利用。

展区划分是整个展厅形式设计的关键，它直接影响到展线的设置。如果展区分布不合理，展线的走向，就会受到直接的影响，而展区、展线又是观众参观陈列展览时主要的坐标及导引。假如把展厅的陈列展览内容比喻为大海，那么观众就是在大海里航行的船，而展区及展线恰如大海中的航标灯，如果航标灯出现了问题，观众就会在展厅里迷失方向，不知所措，产生疑问和困惑。

因此，形式设计者一定要针对陈列展览内容的几个部分，特别是各部分内容在陈列展览中的地位、相互之间的关系，以及各部分展品的数量、体积、重量等内容，按照突出重点、囊括所有展品的上展原则进行展区划分。

值得注意的是在形式设计时展区划分涉及的时间前后的顺序、相邻之间的关系等一定要与陈列展览大纲内容保持一致，绝对不能颠倒及混淆。

另外，形式设计者在分割展区面积时，不能只简单地以各部分展品数量的多少来确定展区的大小，各展区面积的大小以及位置的选择，需要衡量其是否为陈列展览的重点以及在展览大纲中的顺序后，才能作出恰当的选择。

4.展线走向

展线是为观众人为设定的陈列展览参观路线，它是串联各展区的"生命线"，有了这条展线，各展区的关系才能有机结合，顺理成章。特别是以年代来划分各部分内容的陈列展览，展线走向的合理设置，就显得尤为重要。如果展线设置出现交叉、重复，就会在陈列展览内容表现上出现混乱，以致影响观众对陈列展览内容的理解，甚至会产生误导。

因此，展线走向的设置在展厅形式设计中非常重要，清晰、合理、准确、顺畅、人性化的展线走向设计，可以将观众由表及里、由浅入深地带入陈列展览内容的世界，当观众走完整个展线的时候，也就体验了陈列展览的全过程。而要设计好展线，首先要划分好展区，展线走向在很大程度上受展区设置的制约。展区与展线就像一对孪生兄弟，它们相辅相成，互相依托，缺一不可。

一般陈列展览展线的走向，都是按照人们日常的生活习惯，设置为顺时针方向，并以直线线段为组合的方式，构成整个展线。另外，为了避免展线交叉等弊病，要在展厅中分别设置出入口，使观众参观陈列展览时不走重复路线。

5.人性化服务设施

随着社会的发展，博物馆日益成为人们休闲的场所。陈列展览内容应追求以人为本的理念，关注人性化内容的设置，将博物馆建设成为观众的娱乐和休闲场所。在陈列展览中不仅展示与陈列展览内容有关的展品，更多地为观众设置参与项目，即陈列展览的互动内容，也逐渐成为陈列展览中不可缺少的重要环节。对于这部分内容，内容设计者要与形式设计者进行良好的沟通，使形式设计者理解并处理好互动内容与展品（特别是文物）之间的关系，既吸引观众，又扩大陈列展览的宣传与展示效果。

人性化服务设施在展厅中的表现，更多的是为观众提供优质、完善的服务，例如在展厅中设置各种指示和引导标识、背景音乐、绿色植物、残疾人通道、休息座椅、意见簿等。

目前，人性化服务设施已不再是形式设计上的推陈出新，而早已成为陈列展览形式设计中固定的、必备的设计内容。其中，各种陈列展览引导标识是帮助观众顺利参观陈列展览、享受周到服务的重要坐标，所以成为展厅形式设计中重要的内容之一，受到极大的重视，并在展厅中得到突出的显示。

6.采光

采光是展厅形式设计中一个重要的内容。每个陈列展览都应根据其内容的特点以及展厅的建筑形式，采用适宜的采光方式。一般情况下专题文物陈列展览从保护文物的角度出发，比较适于采取展厅全封闭的方式。利用人工光源照明。因为，封闭的展厅可以有效地控制阳光照射对文物的损坏，以及展厅的温湿度、空气的纯净度等环境指标。利用人工光源可以针对不同的文物选择适宜的灯具及光源。而综合性的、以辅助展品（复制品、照片、图、表、模型、沙盘、场景等）为主的陈列展览，从节约能源以及环保的理念出发，则比较适于采取展厅半封闭的方式，利用自然光源与人工光源相结合的方式，解决展厅的采光问题。

内容设计者应该根据陈列展览内容的需要，提出展厅采光的具体要求。形式设计者根据内容设计者的要求，结合展厅建筑的特点，设计出适宜陈列展览内容的展厅采光方案。

（二）陈列展览展品形式设计

从更好地体现陈列展览内容的角度出发，"陈列展览内容形式设计"较之"展厅形式设计"显得更为重要。对于陈列展览内容的形式设计，内容设计者除了为形式设计提供参考的基本文件——陈列展览大纲及大纲脚本外，还需要向形式设计者明确提出陈列展览内容的形式设计要求，主要内容包括明确上展文物量、文物陈列方式的设计要求、上展辅助展品和内容的展示设计要求。

1.明确上展文物量

内容设计者向形式设计者明确上展文物量，就是划定了陈列展览形式设计的文物总量，它是确定陈列展览规模、展区分布、展线走向的决定因素。形式设计者了解了上展文物量，就可以在一定展厅空间里，合理地布置、安排展区及展线，并将上展文物以艺术的形式全面地呈现在观众面前。

上展文物量由内容设计者根据陈列展览内容加以确定。形式设计者需要在事先了解上展文物量的前提下，有的放矢地针对展厅的实际面积、高度、结构等客观条件，进行陈列展览文物的形式设计。但在具体的设计过程中，形式设计者可能会从展厅的实际情况以及形式设计艺术美学的角度出发，对上展文物量与展厅的容量是否和谐，是否需要进行调整提出意见。形式设计者建议增减上展文物，要本着不影响陈列展览主题和整体思路的原则，与内容设计者进行充分的沟通，在内容设计者认可的前提下，最终决定陈列展览文物的取舍以及文物上展的数量。

2.文物陈列方式的设计要求

如何使文物在陈列展览中尽显风采，突出特色，在很大程度上取决于文物陈列的形式设计。而如何设计好文物陈列，其中重要的一环就是内容设计者通过陈列展览大纲脚本将每件文物陈列方式的设计要求，以文字的形式诠释给形式设计者。陈列展览文物展示方式的设计要求，主要包括文物的组合，成套文物的陈列方式，每件文物的陈列方式，重要及特殊文物的陈列要求。

（1）文物的组合

陈列展览中文物的组合，一般根据文物的不同性质、材质、类型、形式、内涵、时代、用途等形成若干组合，每个组合集中反映陈列展览一个方面的内容。组合的文物陈列，较之分散的文物陈列，可以达到突出、增强陈列展览内容的展示效果。具体来说，就是可充分发挥文物的优势和强势，在陈列展览中形成一股强大的阵势，给观众一种震撼的感觉，并留下深刻的印象。

但是，大规模的文物组合陈列不太适合精品文物的展示，因为一般精品陈列展览中的每一件文物都是一个亮点，需要个体的突出展示。因此，如何进行陈列展览文物的组合，在陈列展览中是否需要文物的组合，都需要形式设计者根据内容设计者的要求，结合陈列展览的实际情况，在设计文物展托以及展柜类型上做出相应的考虑。

（2）成套文物的陈列方式

陈列文物中有些是成套的文物组合，例如一套茶具中包括杯和盘。成套文物的陈列设计与单个文物陈列设计的主要区别，在于展托的大小及形式。相对于一般展托，文物组合的展托应该是异形展托。另外，如果成套文物的件数较多，还会涉及展柜的形式及展柜空间的大小。这些都需要内容设计者与形式设计者之间进行交流，根据文物套件的多少以及相互之间的关系，提出陈列组合的方式，使陈列设计符合文物原有的摆放方式及使用功能，避免出现成套文物被割裂设计展示。

成套文物陈列的优势是可以强化文物的展示效果，突出表现该系列文物的特色，增加相关陈列展览内容的感染力。

（3）每件文物的陈列方式

对于陈列展览中每件文物的陈列方式，内容设计者首先通过陈列展览大纲脚本，将陈列展览中每件文物的展示要求具体明确。展示设计要求主要包括文物摆放的方式（平放、竖放、横放、倾斜放等）、文物展示的角度（全方位、正面、侧面、背面、顶部、底部等）、文物特殊的展示内容（题字、题诗、纹饰、落款等）、重要文物的突出展示、展托的设计理念、相关文物的配合等。

当然，内容设计者对文物陈列的形式设计要求，主要是供形式设计者参考。而形成出彩的文物陈列设计方案，则需要极大地发挥形式设计者个人的才能，以其专业的技能、丰富的想象力创造出来。

（4）重要及特殊文物的陈列要求

一些文物会因陈列展览内容的需要以及文物本身所具有的较高的历史、科学、艺术等价值，而成为陈列展览中的重要文物需要突出展出。

另外，有些文物需要采取特殊的陈列手段，才能达到最佳的展示效果，例如文物体量较小，需要放大才能看清上面的纹饰；文物刻有底款；文物的纹饰、铭文分布在文物的不同界面；文物器型及用途比较特殊等。这样就需要形式设计者针对文物的不同情况，设计出辅助文物展示的相关配套设置，例如设置放大镜、镜子、纹饰展开图、特写照片、特殊展托等，使观众可以全面地、清晰地、舒适地、准确地欣赏这些文物。

对于这些重要的、特殊的文物展品，内容设计者要提出形式设计的具体要求，形式设计者根据要求有针对性地进行文物陈列的形式设计，从而使这些文物能够在展厅或展柜内处于最佳的陈列位置，达到突出及充分展示的效果，并最大限度地引起观众对这些文物以及相关陈列展览内容的关注。

（三）辅助展品的形式设计

从广义的角度理解陈列展览的辅助展品和内容，应该是除了文物之外的所有上展内容，主要包括文物复制品、图、表、照片、模型、沙盘、场景、多媒体、互动项目等。

一般情况下，博物馆陈列展览中的辅助展品是文物的配角，但是，当它肩负起弥补陈列展览中文物的缺环或文物无法表现的陈列展览内容时，就成了陈列展览的主角。特别是一些制作精致的文物复制品，在陈列展览中可以起到以假乱真的作用。另外，从观众的兴趣以及休闲的角度出发，一些辅助展品可以烘托文物的氛围，使文物陈列产生还原、立体的展示效果，拓展文物展示的空间，使静态的文物焕发出活力，更加生动，更加吸引观众。因此，将陈列展览中的辅助展品设计到位，也是影响陈列展览形式设计能否成功的一个重要因素。

要使形式设计者能够准确地把握好辅助展品及内容的设计思路，就需要内容设计者将所有辅助展品及内容在陈列展览中的作用、地位、与文物的关系、展示的效果、设计要求等，尽量详细地、深入地诠释给形式设计者。其中，十分重要的一点是要提供制作辅助展品和内容的尽量完整的背景资料，这些背景资料提供得越准确、越丰富，辅助展品的完成、质量就越有保证。这些背景资料主要包括文字、图、数据、照片、音像等。特别是文物复制品、模型、沙盘、场景等的制作，更需要具备完整、准确的背景资料。

值得注意的是陈列展览中辅助展品的应用，一定是陈列展览必需的，多余或无关的辅助展品会破坏陈列展览的风格，扰乱陈列展览内容的整体思路，影响文物的展示效果，可谓画蛇添足。

1.文物复制品

这类辅助展品主要用于综合性陈列展览，在精品陈列展览中不提倡使用，而且只有在陈列展览中非常需要的、不可替代的、不可缺少的文物才会复制。另外，博物馆的基本陈列和专题陈列，会展示一些镇馆之宝，这些文物需要在陈列中长期展示，从保护文物的角度出发，也需要制作这些文物的复制品作为替换展品。特别是书画作品，对环境的温湿度等比较敏感，不适宜长期展示。还有一些绝品、孤品、珍品，它们是中华民族的瑰宝，更需要精心的保护，而文物复制品正好可以担当起保护文物原品的重要角色。

另外，博物馆要经常动用馆藏文物在国内外举办一些展览，其中有些文物可能已经在本馆的基本陈列或专题陈列中展出，这就需要制作文物的复制品，在原件文物外展时临时充当馆内相关陈列中的角色。

陈列展览中如果需要复制文物，内容设计者要提出具体的要求。为了保证文物复制品的精致，内容设计者要积极配合文物复制者，为其提供有关复制文物的详细资料，包括文物的照片、图、年代、尺寸、质地、大小、形状、纹饰、重量、工艺特色、完残情况等，同时文物复制者应该对文物原件有亲身的感受。

2.图、表、照片

图、表、照片在陈列展览中的表现形式，除了以往的平面展示外，在今天发生了很大的变化，出现了多媒体演示的手段。图上的线条、表上的数字、照片上的景物，都变成动态的演示，成为活的画面，并配以背景音乐或解说等，增强了展示的现实感、活力及吸引力。

首都博物馆新馆北京通史陈列"古都北京——历史文化篇"，在展线上就运用了投影方式取代了过去用照片表现的内容，动感的画面极大地吸引了观众的视线，强化了陈列内容的表现。

但这些内容的处理，需要内容设计者就其在陈列展览中的位置、作用、与文物之间的关系等提出有关建议，从而决定其在陈列展览中的大小、方式、质地、颜色、风格等。特别是形式设计者在设计中要注意其与相关文物之间的配合关系，使文物在陈列展览中始终处于突出、重要的位置。

3.模型、沙盘、场景

相对于平面的图、表、照片，模型、沙盘、场景的展示，更加立体地将需要表现的陈列展览内容以按比例还原的方式，配合相关的环境相对完整地展现出来，使观众有身临其境的感觉。

博物馆发展到今天，已经出现了生态博物馆的管理方式，辅助展品的表现，也日益趋向于追求真实、生动。特别是陈列展览中一些表现古代建筑的内容，通过制作按原大小比例缩小的模型，将真实的建筑缩影展现在观众面前，给人以直观的印象。另外，诸如地形、地貌、考古遗址、瓷器窑址、生产过程、市井民情、商业贸易、战争场面、活动场面等一些不易或无法以文物表现的内容，通过沙盘、场景等可以得到生动的体现。模型、沙盘、场景等加上声、光、电等高科技手段的利用，使观众身处其中，会深切地感受到现场生动的氛围，更好地与陈列展览内容产生互动。

这些具有活力的展示，需要形式设计者在透彻理解背景资料的基础上，结合展厅的实际情况进行设计。在设计中值得注意的是占用相对较大的展示空间的场景设计，要处理好与陈列文物及陈列内容之间的关系。内容设计者要协助形式设计者处理好这些关系，使辅助展品真正发挥其应有的作用。

4.多媒体

博物馆陈列展览多媒体的应用，主要是将文字、数值、声音、图形、图像等所要表达的信息，通过计算机处理后传送给观众，其中最普遍的载体形式就是电脑触摸屏。

5.互动项目

在陈列展览中设置观众互动项目的目的是强化展览的效果，引起观众对展览的关注，使观众参与到陈列展览的展示过程中，极大地调动观众的兴趣，并最终对陈列展览留下深刻的印象。

互动项目的表现方式在不同的陈列展览中应有所不同。例如文物精品陈列展览，主要的目的是让观众欣赏文物本身的精美，在这类展厅里需要营造安静的参观环境，如果要设置观众参与的空间，可以采取设置电脑触摸屏的方式，这样，观众根据个人的兴趣，点击相关界面，了解与陈列展览内容相关的更多的信息。首都博物馆新馆专题陈列即在展厅入口或出口处，设置了电脑触摸屏，内置有关陈列文物的图片及说明文字，方便观众查阅。内置的文物图片，通过观众的操作可以将其局部放大，从而真切地感受到文物所蕴含的比较全面的信息。

（四）展柜形式设计

展柜是陈列展览展示文物的主要载体，就像人的外衣，展柜是文物的装饰、支撑、负载、保护的外衣。珍贵的文物需要展柜的保护才能在广大观众面前亮相；当然，随着社会的进步，人们自我修养的提高，那些对环境因素（如温湿度、光照等）不敏感的文物，也可以裸展，使观众与文物之间没有距离与隔阂，更加亲近，充分感受到文物带给人们心灵上的温馨或震撼。

鉴于展柜在陈列展览中的重要作用，不仅是形式设计者要在展柜设计中发挥主要及重要的作用，内容设计者也应针对陈列展览的文物，提出展柜的形式设计建议。只有综合考虑不同的文物与展厅的结构、面积、采光等条件去设计展柜，才能使陈列展览文物能够按预期的要求得到全面的、最佳的展示。

展柜形式设计主要涉及展柜类型及展柜技术要求两个方面。

1.展柜类型

展柜的类型主要由需要展示的内容及文物或展品来决定。柜体类型主要包括通柜、坡柜、中心柜、异形柜等。

通柜一般适于展示综合类的陈列展览，不同质地、体量的文物在一起展示，例如博物馆中的基本陈列。另外，一些专题性陈列展览也适合使用通柜，例如书画陈列展览，因为书画作品以立轴为主，要求展柜具有一定的高度，适于悬挂，所以，书画展厅的主体展柜一般以大通柜为主。

坡柜一般适于各类陈列展览中展示平面的、体量不大的文物，例如书籍、印章等。书画陈列展览中的卷、册页、横幅、扇页等横向的、小型的作品也适于使用坡柜。

中心柜是为了展示陈列展览中需要突出的文物或精品文物。对此，内容设计者要在陈列展览大纲脚本中明确提出，形式设计者在此基础上，确定设计相关文物陈列的展柜。一般精品文物主要陈列在中心柜内。

异形柜主要是展示一些形式特殊、体量较大的文物或展品，例如服装、模型等。

2.展柜技术要求

展柜制作水平的高低，主要取决于其技术含量的高低。对展柜的技术要求主要包括材料、大小、封闭性、温湿度、防火、采光、开启、防盗、防有害物质、防尘、固定等。针对不同的文物，内容设计者要提出相关展柜的技术要求。

（1）材料

展柜材料主要包括两个方面，一个是制作柜体的材料，另一个是装饰展柜外表的材料。展柜材料首先要保证文物陈列其中的安全。其次，根据文物质地的不同，选择适宜的材料，与展示的文物相和谐。大部分展柜在选择柜体材料时，更多地考虑展柜的安全性、坚固性及耐久性，从对文物无害的角度出发，选择表面喷塑涂料的钢板、不锈钢、铝合金等材料；同时也要考虑表面装饰材料与展示文物风格的协调。

对于展柜材料的选择，内容设计者可以向形式设计者提出参考的建议，促使形式设计者在选择展柜装饰材料时，能够以表现文物内在的文化底蕴为基点，更好地烘托陈列展览内容。

（2）大小

简单地说，展柜的大小决定于文物的大小，大文物用大展柜，小文物用小展柜。但从设计的理念出发，从展示的美学考虑，展柜大小的确定就不仅仅依赖于文物的大小。有些在陈列展览中十分重要的文物，即使是体量不大，为了突出展示，也会占用较大的展柜空间，或以中心柜的形式单独突出展示。特别是一些具有艺术夸张及造型的异形展柜，更不是以文物的大小来设计，唯一追求的目标就是要充分、适宜、突出地展示文物。还有，一些需要以群组方式集中展示的文物，也许其个体并不大，但为了营造宏大的气势，也需要配以大型展柜进行集中展示。另外，还要考虑展厅整体效果、制作经费、可长期使用等。

因此，设计制作展柜的大小，不完全取决于文物的大小，而在很大程度上取决于文物在陈列展览中的地位和展示的要求。对此，内容设计者要将陈列展览中需要突出的文物，或者需要特殊展示效果的文物，与形式设计者进行充分的沟通，保证展柜的大小符合文物展示的要求。

（3）封闭性

封闭性能好的展柜可以有效地控制展柜的温湿度、防尘、防有害物质的侵入、保证空气的纯净度等，对于柜内文物的保护有着十分重要的作用。实际上，衡量展柜质量的好坏，封闭性能是其中一个比较重要的指标。内容设计者根据不同的文物，提出对展柜封闭性的不同要求，如对于书画、丝织品之类的文物，为了达到柜内恒温恒湿，展柜必须具有良好的封闭性。

（4）温湿度

展柜内保持一定的温湿度，是博物馆陈列展览对于文物的必备的、基本的保护措施。书画、纺织品、竹器、木器、漆器、骨器、油画、壁画、天然皮革等对温湿度敏感的文物，如果所在展柜内出现温湿度不稳定，就会引起这些文物的起皱、变形、开裂等严重后果。

博物馆在展示文物的同时，要时刻牢记保护文物的重要职责，不能以损坏文物为代价进行陈列展览。文物是不可再生的、传承文化的载体，要不惜一切代价去保护。内容设计者对陈列展览中需要保证一定温湿度的文物，要明确提出展柜相应的技术要求。

（5）防火

防火是包括展厅、展柜等一系列有关陈列展览设施的必备的基本要求。特别是展柜，它所用的材料、光照温度控制、防火条件等均须特殊考虑，要符合防火的专业标准。

在预防的同时，要设置灭火系统及设备。不同的文物，灭火的设备不同，例如纸类文物适于用气体灭火，而绝不能用水。随着科技的进步，现代化博物馆在防火配套设施的利用上，会越来越先进，更有利于文物的保护。

（6）采光

文物展示效果的好坏，在很大程度上取决于展柜的采光。从保护文物的角度出发，根据文物的需要，选择适宜的光源及灯具，并设定或采取对文物无害的光照亮度及效果（包括照射的角度、距离、范围等）；在营造陈列展览环境及氛围，突出展示文物上，人工光源可以最大限度地掌控光源及光照度；形式设计人员在设计文物照明上，人工光源可自由施展的空间范围更大。

那些对温湿度等要求较高的文物，展柜采光必须使用人工光源；而可以裸展的文物，可以利用自然光。当室内光线不足、影响观众参观时，可通过展厅中的辅助人工光源，临时补充自然光照的不足。总之，展柜采光设计应根据柜内相对固定的陈列展览内容及文物或展品，采取相应的采光方式。

从节约能源、环保的角度出发，博物馆展柜采光应采取自然光源与人工光源相结合的方式。

展柜采光无论采用何种光源及灯具，都要从保护文物的角度出发，同时具备基本的、相应的、专业的技术指标。首先，展柜灯光应该是可调控的，根据文物或展品对光照亮度、角度、范围等的要求，可调整出适宜的灯光效果。其次，在光照亮度上，应该使照射到文物或展品上的灯光呈现出均匀的效果，除非是陈列展览的特殊需要，绝对不能出现明暗不同的结果。最后，要避免展柜内灯光对文物照射时产生的眩光问题,因为眩光不仅会使观众的眼部产生不适,还会影响到文物或展品的展示效果。有些文物还需要设定特殊的光照方式,例如为了保护书画作品,一些博物馆在展柜内采用自动灯光控制系统,即观众靠近时柜内灯亮,观众离开时柜内灯熄。这种光照效果一方面避免了长时间光照对文物的损坏,另一方面节约了能源及开支,可谓两全其美。

(7)开启

展柜"门"的设计,一方面要考虑安全性,另一方面要方便工作。设计中要将展柜"门"的高度、宽度及位置等作为关键点,保证陈列展览的布展、撤展、调换文物或展品、展柜清洁等操作的安全、方便、快捷。

形式设计人员在设计展柜开启时,要充分考虑到文物的体量、质地、数量、安全等诸多因素,特别是放置较大体积、易碎文物的展柜,就更要特别注意文物及工作人员进出的方便,不能人为地设置障碍。

一般通柜的"门"在展柜的一侧,也有的设在展柜正面玻璃处。展柜玻璃由若干块组成,底部置于凹槽内可以移动。

中心柜的开启方式各有不同,例如有些展柜上部由玻璃罩构成,开启时先打开锁,然后通过人工手摇或电动提升玻璃罩的方法即可打开展柜。相对于通柜,中心柜的开启要灵活、方便。

(8)防盗

防盗功能是展柜诸多设计要素中比较重要的内容,因为展柜是展览文物保护和防卫的最后一道防线。

展柜防盗主要是通过性能优良的锁具来实现,锁具是保证展柜内文物安全的重要部件。博物馆对展柜锁具的要求,一般为牢固、耐用、操作方便,还要符合展柜的风格,与展柜和谐,融为一体。另外,锁具在展柜上的位置最好不暴露在外,而应相对隐蔽,这样既美观又安全。

同时,展柜的封闭性、材料的坚固、防盗报警系统等的设置,也是十分重要的防盗措施,特别是通过安装防盗报警系统,可以有效地制止文物的被盗。

目前展柜主要的防盗手段有:声控报警系统、防盗报警器、防盗报警玻璃、防盗报警纱网、多维驻波探测器、位移传感器、拉力传感器(主要用于挂书画等文物的安全防范)和压力探测器等。

对于展柜锁具的形式以及质量,形式设计人员要给予极大的关注,锁具虽小，但关系重大，不能轻视及忽略。

一些博物馆常常因为锁具的问题，影响陈列展览的布展以及正常开放，更严重的，使宝贵的文物丢失，给国家造成无法挽回的损失。

首都博物馆新馆展柜锁具采用了双保险的开启方式，要打开展柜必须同时使用钥匙和特殊工具才能实现（主要用于通柜）。同时，在展柜防盗上使用了防盗报警系统（主要用于墙柜）、夹胶玻璃、红外线报警器等，从而保证了陈列展览文物的安全。

（9）防有害物质

展柜应具备良好的封闭性能，以防御有害物质的侵入。对虫、霉、病菌、空气污染等具体的有害物质，还应设置相关设备及技术防范措施，并根据不同文物采取不同的办法，有效地防范有害物质对文物的侵蚀。例如纸质、木质、纺织品等类文物，虫害的威胁很大，要重点防范。

所有展出文物在进入展柜之前，都要经过消毒处理，将一切有害物质排除在展柜之外。展柜在布展前要进行彻底的保洁，保证展柜内卫生、安全。在展柜封闭性能及展厅空气质量和环境卫生良好的条件下，确保有害物质无法对展柜内的文物产生威胁。

（10）防尘

防尘是展柜技术要求中最基本的内容，防尘性能的好坏与展柜的封闭性有着直接关系，封闭性好的展柜防尘效果好。

空气中的粉尘对文物的影响，最明显的就是观感效果。假如粉尘落在文物上、展托上、展柜内，会破坏陈列展览的展示效果，甚至给文物带来危害。特别是空气干燥，扬尘天气多的北方地区，展柜的防尘功能更是重要的技术要求之一。

除清扫展柜和清理待展文物外，还应从整个展厅的角度解决防尘问题，使展厅本身具有良好的封闭性，通过科学、合理的清洁手段，保持展厅的整洁。

（11）固定

展柜固定是保证陈列展览文物在展出期间安全的重要因素之一。展柜中的文物是观众关注的焦点，在陈列展览开放时，展柜始终处于观众的"包围"之中，难免出现被触摸、依靠，甚至碰撞的情况。有些青少年观众，由于自身约束能力的局限，有时会在展厅中打闹、跑动，难免会出现意外，撞到展柜上。这些结果，轻则使展柜摇晃，重则使展柜移位，造成展柜内文物的不稳定，甚至使文物受损。因此，为了预防这些情况的出现，对展柜一定要进行必要的固定，确保展柜坚如磐石。

展柜设计除了要具备以上一些技术要求外，还要从观众和展示美学的角度出发，使观众方便和适宜地欣赏文物和展品。另外，还应注意展柜玻璃宽敞、透亮、清晰，展柜柜体尽量不出现会对观众身体造成危险的硬角，展柜样式及颜色与陈列展览内容和谐等细节。

（五）展托形式设计

展托是展现文物风采的载体，可以通过自身的特殊造型、风格、材料等，衬托出文物的独特魅力。内容设计人员要针对陈列展览内容提出展托的设计建议，例如展托的风格、材料、保护文物的技术要求等。而形式设计者则要充分了解文物的质地、年代、尺寸、重量、颜色、造型、用途、工艺等详细情况。

从陈列展览类型区分，综合性陈列展览的展托，因为要适于各类文物的陈列，一般为长方体或正方体，并根据陈列展览内容的需要，选择适宜的展托材料以及表面装饰及颜色。对于一些特殊文物的展示，一般在整体展台的基础上，制作异形展托，使文物得到充分的展示。而专题陈列展览文物的展托则需要根据文物的特点，选择并制作相应风格及材料的展托。重要的、精美的文物，则需要特制专门的展托，从材料、造型、纹饰、工艺上充分表现文物所特有的文化内涵，使展托不仅衬托文物的美，更成为与文物融为一体的、带有相同文化信息的载体。

在展托制作时，形式设计人员不能仅依靠内容设计者提供的文物背景资料，就贸然进行设计及制作，而应在文物保管者的配合下，亲身感受文物的魅力，亲手量好文物的精确尺寸（精确到毫米）后，再动手设计和制作展托。小件文物或者形状特殊的文物的展托，更需要在设计和制作中一丝不苟。即使这样，文物上展时，还需要形式设计人员与展托制作人员在布展现场密切配合，对文物展托进行最后的深加工，使文物与展托之间严丝合缝，呈现给观众最佳的展示效果。总之，文物展托的设计及制作要精益求精。

另外，所有展托都需要针对文物的特点，制订万无一失的展托固定方案，固定内容主要包括两个方面，即展托与展柜之间固定、展托与文物之间固定。展托固定可以保证展托支撑及文物的安全，避免文物受到损坏。

内容设计人员对陈列展览形式设计提出的建议，可以有效地帮助形式设计人员更好地完成陈列展览形式设计。内容设计者与形式设计者之间的沟通，是陈列展览形式设计之前十分重要的、不可缺少的环节。

第四节 内容设计与形式设计的关系

博物馆的陈列展览，是一种集科学性、艺术性及技术性于一体的、能够对人们的知识结构或思想情感产生影响的特殊空间；博物馆学在描述这种特殊空间的构筑行为时，借用了"内容"和"形式"这对哲学概念，将陈列设计的工艺流程分为内容和形式两个阶段，其从业人员，前者称"内容设计"，一般具有相关学科知识的素养；后者称"形式设计"，一般具有美术知识和技能的背景。

博物馆陈列展览的内容设计与形式设计是工作流程中最重要的两个环节。博物馆陈列展览是一项系统的、综合的工程。一个好的陈列展览不是单靠哪一方面的努力就能成功的，需要内容设计、形式设计、施工工程等各个环节的配合与共同协作，是共同智慧的结晶。其中，较为关键的就是内容设计人员与形式设计人员的合作。在陈列工作实践中，设计人员普遍体会到，内容和形式的分工有利于从业人员保持较高的专业水准，但两方面的专业人员之间很难达到相互理解和通力协作。

就内容设计人员而言，除了要求具备藏品及其相关学科的知识素养以外，还要懂得传播学理论和教育心理学，善于将科学或专业语言转换成通俗易懂的语言。在此，研究能力成为一个背景，所面临的主要是表达的问题。要想表达得好，就要做到对展出内容既能深入又能浅出的表现。浅出的程度标准要根据观众情况来决定，所以要掌握观众心理。因此，陈列内容设计人员所应具备的知识结构和专业素质更像是一名教师，而不是一名纯粹的藏品研究员。

就形式设计人员而言，美术造型知识和技能是必备的，但博物馆陈列艺术也不同于纯美术，其目的在于为观众创造一个良好的视觉环境和观赏条件，这就涉及对人体工程学、工艺学、建筑学、统计学等其他学科知识的掌握和运用。从这一点看，美术院校的环境和室内设计专业要比绘画或雕塑等纯美术专业更接近博物馆陈列设计的要求。这只是就设计工作本身而言的。在实际工作中，形式设计人员不仅要承担造型的计划工作，还要扮演施工组织者的角色，要具备一定的组织管理能力，这已超出了纯粹的设计业务范围。所以，做好陈列形式设计工作是相当不容易的。

两者相较，内容设计的作用具有关键和核心意义，这一点毋庸置疑。好的陈列展览，首先要有一个主题鲜明、结构合理、语言生动的展示脚本。形式设计是内容设计与施工人员的桥梁，其主要职责就是把展示脚本搬到博物馆展示空间中，由平面而立体，将展示脚本的文字转化为可视、可听、可感、可动的展览展示。但我们要避免单纯追求形式的倾向，也不能让形式简单化、概念化。

内容设计与形式设计只有紧密配合才能真正制作出好的陈列展览。道理虽说如此，但在具体时间过程中，内容设计与形式设计难免会出现很多问题。为了实现真正的合作，把展览工作做好，内容设计与形式设计都应该学会适度的放弃，相互理解，达成默契，实现共同的目标。

无论如何，博物馆陈列展览都要做到艺术性和内容的统一。只有内容富有科学性和思想性，体现展示内容的内涵和社会价值意义，并且形式体现完美的艺术性，这样才能吸引观众，陈列展览所要表达的内容才能得以诠释和传递。

第六章

博物馆陈列展览的布展与评估

第一节　博物馆陈列展览的布展

博物馆陈列展览是一门集艺术、历史、科学和教育于一体的综合性创作，通过合理的陈列展览设计和科学的布展手法，能够将观众引入一个充满知识和情感的空间。陈列展览设备和大型辅助展品的安装、实物展品和辅助展品的布置、陈列展览与安保的协调，以及展览设计和工艺的灵活调整，都是构建一个成功陈列展览的重要环节。

一、陈列展览设备和大型辅助展品的安装

陈列展览的魅力在于能够将历史、文化和艺术融汇于一个独特的空间中，而陈列展览设备的选择和安装恰恰是实现这一魅力的关键环节。在筹备展览的初期，陈列展览设备的挑选就要考虑如何最大限度地呈现展品的内涵和魅力。照明系统、声音系统以及多媒体设备等设施，都在构建观众与展品之间的互动体验中发挥着不可或缺的作用。

照明系统作为展览的"舞台灯光"，直接影响着观众对展品的感知。在选择照明方案时，首先要考虑陈列展览主题和展品的特性。例如，对于历史文物类陈列展览，柔和的灯光能够渲染出古老的氛围，而对于现代艺术作品，明亮的灯光则更能凸显作品的现代感。此外，通过调整光线的明暗变化和角度，可以有效地凸显展品的细节和特色，引导观众的注意力，营造出更具艺术感的陈列展览效果。

声音系统的合理布置能够为展览增色不少。在展览中，声音往往是一种无形的情感导引，能够在无形之中传递历史故事或艺术内涵。因此，在陈列展览的设计中，要考虑声音系统的设置。根据陈列展览的需求，可以采用环绕声、定向声等不同的声音技术，创造出逼真的音效环境，使观众感觉仿佛置身于展品所描述的场景之中。

除了展品本身，大型辅助展品的安装同样不容忽视。这些展品往往体积庞大，如雕塑、装置艺术等，它们的安装涉及物理结构和观赏角度的考量。在安

装过程中，需要确保这些展品与整个展览空间相互融合，以保持整体的美感。同时，要注重展品的结构稳固性，避免在陈列展览期间发生不必要的意外情况，保证观众的安全。

总之，通过合理的照明系统、声音系统和多媒体设备的布置，能够为陈列展览赋予更多的情感与艺术元素。同时，大型辅助展品的安装也是陈列展览的一个亮点，它们的合理安置能够为观众带来更加深刻的观展体验。只有在这些环节都得到精心设计和安排的情况下，陈列展览才能够真正成为一个引人入胜、令人难忘的视觉盛宴。

二、实物展品和辅助展品的布置

陈列展览的魅力不仅在于展品的独特性，更在于如何巧妙地将这些展品进行布置，以引发观众的情感共鸣与思考。实物展品和辅助展品的布置是陈列展览的核心之一，直接关系着观众对展览主题的理解和感受。

在布置实物展品时，首先需要深入了解每个展品的历史背景、文化内涵和艺术特点。通过深入研究，设计师能够更好地捕捉展品的核心信息，将其最有利的一面呈现给观众。例如，对于一件历史文物，可以通过适当的陈列方式，营造出古朴的氛围，让观众仿佛穿越时光，亲临历史现场，对于一幅艺术作品，可以通过独特的展示方式，凸显作品的创意和情感。

辅助展品在陈列展览中的角色同样不可小觑。它们可能是图文、互动设施、多媒体解说等，起到补充和解释的作用，帮助观众更好地理解展品背后的故事。这些辅助展品与实物展品之间应该相互呼应，形成一个统一的展示体验。例如，在展示一幅名画时，可以通过展示板或者多媒体设备，呈现画家的生平事迹、创作背景等，为观众提供更全面的视角。

在展品的布置过程中，一个重要的考虑因素是展品之间的距离和角度。展品之间过于拥挤可能让观众感到压抑，而过于稀疏则可能让观众产生漫无边际的感觉。因此，设计师需要根据展览空间的大小和展品的数量，精确地确定展品之间的布局。此外，展品的高度和展示方式也需要仔细设计，以确保观众能够从不同的视角欣赏展品，获取更丰富的信息。

综上所述，通过深入了解展品的内涵，合理地安排展品之间的关系，以及考虑观众的观看体验，设计师能够创造出一个既具有艺术美感又能够引发观众共鸣的陈列展览空间。陈列展览的魅力正是在于这些布置细节的精心呈现，为观众带来了丰富多彩的视觉和思考体验。

三、陈列展览和安保协调

陈列展览的精彩呈现不仅需要令人瞩目的展品和巧妙的设计，还需要保障展品的安全。陈列展览与安保的协调是一个至关重要的环节，既要保护珍贵的展品，也要确保观众的参观体验。

在陈列展览筹备的初期，安保计划的制订就显得尤为重要。这个计划应该是详细的、周密的，包括安保人员的分布和任务安排、监控设备的布置、应急处理预案等。安保人员应该受过专业培训，了解展品的价值和特点，能够在陈列展览期间保持高度的警惕。他们不仅要维护观众秩序，还要防范潜在的安全风险，确保陈列展览的平稳运行。

陈列展览的布展设计也要充分考虑安保因素。有些珍贵的展品可能容易受到破坏或盗窃，因此需要采取一些防护措施。例如，对于容易被触碰的展品，可以设置防护栏或隔离带，以保护其完整性。对于易受盗窃的展品，可以采用防盗设备或安保人员密切监控，以确保展品的安全。

此外，展品的展示柜和展示架也要具备一定的防护能力。展示柜可以采用防强力玻璃，防止观众随意触碰或损坏展品。展示架要具备稳固的结构，以防止展品意外坠落或损坏。同时，展示柜和展示架的设计也要符合展览整体的美感，不仅要保护展品，还要为观众呈现最佳的陈列展览效果。

总之，只有陈列展览与安保的协调得当，观众才能够在安全的环境中畅享陈列展览的精彩，感受艺术与文化的魅力。

四、按需调整陈列展览的设计和工艺

陈列展览的设计和工艺是一个不断优化的过程，需要具备一定的灵活性，以便在陈列展览期间根据不同情况进行调整，以最大限度地满足观众的需求和体验。

在陈列展览设计中，灵活性体现在能够根据观众流量的变化进行布局和流线的调整。有时，陈列展览可能会迎来意想不到的观众拥入，这时候就需要根据实际情况进行陈列展览空间的重新规划。如果观众流量过大，可能会导致拥堵和观赏不便，此时可以通过调整展品之间的距离、增设导览牌、设置分流通道等方法，来分散观众并保持展览秩序。反之，如果观众流量较小，可以考虑临时关闭某些区域或设置更多的互动体验项目，以充分利用陈列展览空间，提升观众体验。

另外，观众的反馈也是调整陈列展览设计的重要参考。观众的意见和建议能够帮助陈列展览策展人员更好地了解观众的需求，从而改进陈列展览的交互方式、展品解说等。例如，如果观众反映某个展品的解释不够清晰，陈列展览团队可以根据反馈重新调整展品的标签或者增加更详细的解说板，以便观众更好地理解展品的背后故事。观众的反馈不仅能够提升陈列展览的质量，还能够增强观众的参与感和满意度。

因此，通过合理的陈列展览空间布局和根据观众的需求进行优化，能够创造出一个更具互动性和吸引力的陈列展览环境。陈列展览不仅仅是一种静态呈现，更是一个与观众互动、不断优化的过程，只有不断地调整和创新，才能够真正满足观众的期待和体验。

综上所述，博物馆陈列展览的布展是一门充满挑战和创意的艺术与科学，涉及多个环节的精密协调与合作。只有通过陈列展览设备的合理安装、实物展品和辅助展品的巧妙布置、陈列展览和安保的紧密协调，以及根据需求灵活调整陈列展览的设计和工艺，才能创造出一个令观众陶醉其中的陈列展览空间，让人们在欣赏艺术的同时，也能获取知识和启发。陈列展览布展不仅仅是一种技术，更是一种对历史、文化和创意的综合体现，能为观众带来全新的视觉和思考体验。

第二节　博物馆陈列展览评估体系的构建

近年来博物馆评估在我国越来越受重视，国家出台了一系列相关的评估办法、准则，其中陈列展览评估是一项重要内容，做好陈列展览评估能更好地促进博物馆不断改进工作方法，提升陈列展览质量，增强博物馆与公众之间的沟通，对博物馆的发展起到积极的促进作用。然而，就目前国内的陈列展览研究工作而言，评估研究仍处于相对薄弱的状态。学术界公开发表的相关成果相对较少，且尚未形成科学系统的评估体系，在评估方法的使用上亦存在诸多误区。更严峻的事实是，由于评估研究需要更多财力、时间等方面的投入，造成实现这些研究的困难，以至于许多陈列展览并未启动相关的评估工作。而在国外，评估研究是筹备和实施陈列展览过程中所必不可少的一项工作。美国博物馆界通常将陈列展览的评估体系分为前期评估（Front-end evaluation）、过程评估（Formative evaluation）以及总结性评估（Summative evaluation）三个部分，前期评估对应陈列展览筹备过程中对选题可行性、目标观众、预期影响等各方面的评估；过程评估对应陈列展览策划、施工过程中来自专家、设计团队本身以及受邀观众的建议；总结性评估则是关于陈列展览开放后是否会产生出预期效果的评判。

评估体系的构建涉及维度设置、指标拟定、权重设定等步骤，无论是前期评估、过程评估还是总结性评估，每一阶段均需建立不同的指标体系。本节在此暂只作总结性评估体系的研究和探讨。

一、构建总结性评估的重要性

总结性评估作为陈列展览筹划、实施过程的最后一个评估阶段，是对陈列展览开放后是否会产生出预期效果的评判，也是接受观众检阅和评价最重要的一个阶段。在免费开放的制度下，博物馆的观众量和观众层次越来越多，了解不同层次的观众需求以及他们在观看陈列展览后的感想、感受，了解陈列展览所获取的社会效益和经济效益的情况，总结成功的经验和失败的教训，是我们进行陈列展览研究所必不可少的一项工作，也是未来构建更为行之有效的陈列展览展示、传播模式的基础性工作。

以往，通过观众留言簿或者简单的问卷调查，我们也能获取有关观众对陈列展览的一些评价，例如"好评""非常好"或者"不满意""失望"等。但是，陈列展览究竟在多大程度上让人满意或让人失望，我们难以得到确切的量化数据。此外，陈列展览的哪些部分让人满意，哪些部分让人失望，若没有系统的评估手段，我们所得到的，永远是一些模糊的大致看法和意见。对于总结性评估而言，评估的目的不仅仅在于给陈列展览"评分"，更重要的是从陈列展览所产生的影响中去评判陈列展览的得与失，从而为未来的陈列展览策划提供更多的经验和方法，真正实现与观众的有效沟通，建立起博物馆与社会公众良性沟通的桥梁。

相对于前期评估与过程评估而言，总结性评估的优势在于其直观性。此时的陈列展览已经以其全貌呈现在观众面前，无论是内容设计还是形式设计都已能直接观看到最终的效果。这个时候进行评估工作，一方面能直接了解到观众观展后的体验、感受，另一方面也能对陈列展览所产生的社会效益和经济效益进行量化。因此相对来说，在评估的三个阶段中，影响最为深远也是最为重要的评估当数总结性评估。

二、总结性评估体系的指标框架

总结性评估是对陈列展览开放后是否会产生出预期效果的评判。预期效果分两个方向，一个方向通往陈列展览的社会效益，另一个方向通往陈列展览的经济效益。社会效益主要指陈列展览在整个社会范围内产生的影响，它包括陈列展览为受众提供知识量的多少、整个社会对陈列展览的关注程度、陈列展览的影响力等；经济效益主要指陈列展览为博物馆事业发展所带来的经济利益。陈列展览经济收入的指标也是衡量陈列展览成败的重要指标。因此，对陈列展览的总结性评估也应分为两个主要方面，即对陈列展览实现的社会效益和经济效益的分别评估。为了确保指标设置的有效性和科学性，总结性评估体系的构建要考虑各个指标之间的联系性，保证不同层级的指标有着严谨的逻辑关系。同时还要分清考察方面的主次，突出评估的重点，增强考察的可行性。此外，评估指标的结构必须是可以量化处理的，并能反映该指标的完成程度，这是评估工作实施的重要基础。

（一）社会效益评估

社会效益评估包括社会关注度和社会满意度两个方面。社会关注度涵盖媒体反应以及相关网页、平台访问量两个指标，这是观察社会对陈列展览的关注程度和陈列展览的影响力的重要手段。显然，对社会关注度的测评主要以量化的数据和内容分析为主，可以从记录参与直接报道和间接转载的报刊、广播、电视、互联网、移动网络、户外媒体等的数量和范围开始，并且对报道的信息进行一定的内容分析。社会满意度则主要指向观众评价，公众的满意度是博物馆服务的终极目标，因此在指标体系中，社会满意度是重要的考察方面。由于观众评价与观众的直接体验紧密相关，因此对社会满意度的测评必须从观众身上获取，在这一阶段我们将重点评估观众对展览的评价。

对观众的基本信息、参观动机、参观行为、学习效果、体验效果、满意程度等方面的了解和研究是评估博物馆陈列展览实现社会效益程度的重要指标。通过对观众信息（即居住地点、年龄、职业、性别等问题）的了解，博物馆可以获得关于观众的组成类型信息，并且能确知陈列展览所能吸引的目标群体以及判断陈列展览是否达到了跨地区、跨行业的影响。通过对观众获取陈列展览信息渠道和参观目的的了解，博物馆可以获得有关参观者需求和未来宣传战略的信息。而通过对参观时间和参观路线的统计，可以获知陈列展览对于观众的可接受程度以及某个单元或某件文物所产生的吸引力。此外，通过对学习效果和体验效果的测定，则能获知陈列展览为受众提供知识量的多少以及测量观众在参观过程中所获得的美感和舒适度。最后，满意程度的检验则可以给出有关必要的改善措施的提示。陈列展览社会效益评估指标内容框架见表6-1。

表6-1 陈列展览社会效益评估指标内容框架

一级指标	二级指标	三级指标	四级指标
社会效益评估	媒体反应	媒体数量、范围	
		报道内容	
	相关网页、平台访问量	网站	
		微博	
		微信	
	观众评价	观众信息	个人信息
		参观动机	参观目的
			信息渠道
		参观行为	参观时间
			参观路线
		学习效果	主题信息
			知识传播
		体验效果	设计效果
			辅助设备
		满意程度	服务设施
			意见反馈

（二）经济效益评估

与陈列展览社会效益的评估同步进行的，是对其经济效益的评估。Davidson和Schaffer认为，测算一个事件的经济影响就是比较事件期间的实际销售（或收入）和假设没有事件发生时的销售（或收入）之间的差额。对于博物馆陈列展览而言，陈列展览开放期间和开放前的实际销售差额即为陈列展览所产生的经济效益。有两种间接方法可以获得与此有关的数据：一是针对观众的调查，可在问卷或访谈中了解他们参观陈列展览的前期、中期、后期在博物馆中所进行的所有消费总量；二是针对博物馆文创产品销售点的销售调查，重点了解与陈列展览有关的文创产品的销售量以及销售总增长中有多少比例来源于本次展览。在对经济效益的测算中，研究者必须掌握两个数据，一是参观陈列展览的观众数量，二是观众的平均消费。观众的开支范围主要包括门票（主要针对个别需要收费的陈列展览）、讲解费、购买纪念品的费用、餐饮费、交通费等。

在观众消费内容中，部分指标属于直接经济影响，如门票支出、讲解费支出、购买纪念品支出、餐饮开支等，这些支出内容发生于博物馆场域之内。而交通开支或者其他某方面的开支，尽管发生在博物馆场域之外，但由于该支出与进入博物馆参观展览的目的直接相关，因而也被计入该事件的经济影响中。

陈列展览经济效益评估指标内容框架见表6-2。

表6-2 陈列展览经济效益评估指标内容框架

一级指标	二级指标	三级指标
陈列展览经济效益	观众数量	
	观众消费内容	门票支出
		讲解费用
		购买纪念品开支
		餐饮开支
		交通开支
		其他开支

三、总结性评估体系的数据分析

数据分析一般包括收集数据、加工和整理数据、分析数据三个主要阶段，统计学对此有非常完整和严谨的论述。在陈列展览总结性评估中，所获得的信息大多以数据的形式存在，因此对评估数据的分析也要遵循统计分析的基本步骤。随着信息技术的发展，SPSS、SAS等专业的统计分析软件系统可以充分运用到博物馆陈列展览的任何一个阶段的评估研究中。一般而言，评估资料要经历整理、录入以及单变量分析、双变量分析和多变量分析等处理过程。

（一）资料的整理和录入

对评估资料的审核是整理工作的第一步，在这一阶段，研究者对资料进行初步的审阅，校正错误的答案，剔除乱填、空白和严重缺答的废卷，以保证原始资料具有较高的准确性、完整性和真实性，从而为后续的录入和分析工作打下基础。审核工作结束后要对资料进行转换，转换的方法即对数据进行编码，即给每一个问题及答案一个数字作为它的代码，以供计算机识别。由于信息量繁杂，为了保证资料转换数据的质量，我们需要编制一份编码手册，编码员按手册统一开展工作。在编码手册中，我们要将编码的项目和问题一一列出，逐一规定它们的代码、宽度、栏码、名称、答案赋值方式等（见表6-3）。

表6-3 编码手册（节选）

项目名称	变量名	含义	宽度	栏码	答案赋值
区	V	城区	1	1	1=A区，2=B区，3=C区
个案号	ID	个案号	4	2~5	问卷号码
问题A1	A1	性别	1	6	1=男，2=女，0=无回答
问题A2	A2	年龄	2	7~8	按实际年龄填写，>99岁填99
问题A3	A3	文化程度	1	9	1=小学及以下，2=初中，3=高中及中专，4=大专以上

编好码的数据资料即可直接输入计算机，可采用诸如WPS、Word、ED等一

般的编辑软件，也可以使用专门的数据库管理软件，如FoxBase、FoxPro等。

（二）数据的统计分析

数据的统计分析一般在SPSS或SAS中进行，可分为单变量、双变量、多变量的统计分析。单变量统计分析，只能进行描述性研究。只有双变量统计分析，特别是多变量统计分析，才能进行解释性研究。

其中，单变量统计分析可以分为描述统计和推论统计两个方面。描述统计的主要目的是用简单的概括形式反映出大量数据资料所容纳的基本信息，包括集中趋势分析、离散趋势分析等。常见的集中趋势有算数平均数（也称均值）、众数和中位数三种。在陈列展览评估中，当我们统计了所有观众的年龄、收入、性别等信息以后，就可以通过集中趋势知道参观陈列展览的观众的主要年龄阶段，他们的平均收入、性别比例等情况，进而知道陈列展览所面向的主要观众层次。在此基础上，我们还可以进一步通过区间估计来判断我们所得到的这一结论的可靠性或把握性。

在双变量统计分析中，我们主要探讨两个变量之间的关系，如观众性别与参观动机之间的关系、文化程度与学习效果之间的关系、陪同人数与参观行为之间的关系等。双变量统计分析技术包括相关分析和回归分析。由于变量的测量层次不同，因而计算两变量相关系数的方法和假设检验的方法也不相同。变量的测量层次，可分为定类、定序、定距、定比四种类型，这样就形成了多种不同测量层次变量的两两组合。为了便于全面了解双变量分析方法，可把两变量测量层次类型和与之相应的相关测量方法、假设检验方法列成见表6-4的形式。

表6-4 双变量分析方法

双变量测量层次	相关测量方法	假设检验方法
定类—定类　定类—定序	λ, tau-y	x^2
定序—定序	G, dy	Z检验或t检验
定类—定距　定序—定距	Eta	F检验
定距—定距	r, b	

当一项统计分析涉及3个或3个以上变量（其中至少有一个因变量）时，则称为多变量或多元统计分析。多变量统计分析是一种更为复杂的统计分析方法，因而通常称为高级统计方法。在评估研究中，常用的多变量统计分析方法有阐释模式、复相关分析、路径分析、多元回归分析（包括Logistic回归分析）等。对于博物馆陈列展览而言，我们可以通过这些方法来研究影响观众观展效果、满意程度等的因素，将参观的时间、路线、进门的方向，甚至年龄、性别等作为考察的变量，探讨哪些因素最终成为显著性的影响因子。以下我们以广西博物馆"丹青桂韵——馆藏山水画精品展"的观众停留时间作为分析例子（见表6-5）。

表6-5 "丹青桂韵——馆藏山水画精品展"观众停留时间分析表

项目	标准化系数		df	F	显著性	重要性
	Beta	Std. Error				
性别	0.289	0.13	1	6.54	0.009	0.250
年龄	0.165	0.13	2	1.102	0.256	0.071
陪同人数	0.436	0.13	1	8.715	0.006	0.293
进门方向	0.034	0.13	1	9.872	0.002	0.386

因变量：丹青桂韵——馆藏山水画精品展

从表6-5中的数据可以看出，性别、年龄、陪同人数、进门方向等均对停留时间产生影响，但影响系数各有不同，年龄的影响系数最小，进门方向的影响系数最大，陪同人数的影响系数仅次于进门方向。也就是说，根据最为显著的影响因子，进门方向对观众的停留时间影响最大。通过进一步的相关方向分析，我们发现，从展厅入口方向进入的观众停留时间较长，从展厅出口方向进入的观众停留时间较短，由此我们便可以进一步探讨影响观众进门方向的原因是什么，是我们的导览牌位置不够显眼还是进出口设置方向有误？这些都有待去进一步发现和解释。

对陈列展览的评估是博物馆评估体系中的重要部分，而总结性评估又是陈列展览评估中不可或缺的内容。作为对陈列展览预期目标的检测工作，总结性评估一方面能直接了解观众观展后的体验、感受、看法和建议，另一方面也能对陈列展览所产生的社会效益和经济效益进行量化测量，从而为后续陈列展览提供经验，为陈列展览研究提供基础，为博物馆事业发展提供动力。

总结性评估体系的建构包括评估框架的设置、指标权重的确定、数据的量化分析等方面。对于博物馆陈列展览而言，在总结性评估阶段，主要评定的是陈列展览所实现的社会效益和经济效益，因此评估框架的设置将在此基础上进行建构。在建构了具体框架的前提下，需要对框架中的各项指标进行权重的确定，可以先使用德尔菲法（Delphi）构造指标矩阵，再具体运用层次分析法（AHP）分别计算各项指标的权重值。在数据的量化分析方面，资料的整理和录入是前提条件，重要的是要辨别清楚各个变量的属性，针对定类、定序、定距等不同属性的变量，分别有各自不同的分析方法，而对于单变量、双变量、多变量的分析，在描述统计和推论统计上亦要各自遵循不同的法则。

参考文献

[1] 孔健，徐艳．博物馆文物陈列与文物保护研究[M]．长春：吉林大学出版社，2021．08．

[2] 刘希言，王璜生．建构与思辨：艺术博物馆陈列方法论研究[M]．桂林：广西师范大学出版社，2021．09．

[3] 鞠叶辛．博物馆之美：文化消费时代的博物馆设计[M]．北京：中国建筑工业出版社，2021．10．

[4] 姚安．博物馆实践百问[M]．北京：科学出版社，2021．09．

[5] 李建毛．博物馆陈列展览指南[M]．长沙：岳麓书社，2020．07．

[6] 巩镠．博物馆的陈列展览研究[M]．西安：西北工业大学出版社，2020．05．

[7] 韦荃．博物馆学刊（第7辑）[M]．成都：巴蜀书社，2020．12．

[8] 王文帅．当代博物馆展陈设计研究[M]．长春：吉林出版集团股份有限公司，2020．04．

[9] 李典．博物馆文化创意产品开发设计与发展思路研究[M]．长春：吉林人民出版社，2020．07．

[10] 弭辉．新型智慧博物馆发展趋势[M]．长春：吉林文史出版社，2020．07．

[11] 朱万峰，耿红莉．我国博物馆旅游发展探析[M]．北京：经济日报出版社，2020．09．

[12] 李德庚．流动的博物馆[M]．北京：文化艺术出版社，2020．01．

[13] 罗米．博物馆里的中国历史：丝绸之路超时空旅行[M]．北京：天天出版社，2020．12．

[14] 谢友宁．典藏遗产：博物馆、美术馆与图书馆[M]．镇江：江苏大学出版社，2020．10．

[15] 牛志文，黄鹤，米瑞霞．现代博物馆陈设与博物馆发展[M]．北京：中国商务出版社，2019．06．

[16] 陈凌云．博物馆文化创意产品开发研究[M]．上海：上海社会科学院出版

社，2019.06.

[17] 胡玺丹，王俊卿，徐佳艺. 博物馆拓展类教育活动研究[M]. 上海：上海科学技术出版社，2019.09.

[18] 沈恬. 新时代博物馆教育活动的策划与实施[M]. 长春：吉林人民出版社，2019.11.

[19] 潘秋生. 神奇博物馆：科普知识馆[M]. 北京：航空工业出版社，2018.01.

[20] 徐善衍. 域外博物馆印象[M]. 北京：中国科学技术出版社，2018.03.

[21] 王婷. 博物馆教育项目的策划与实施[M]. 北京：国家行政学院出版社，2018.09.